# 쓰는 사람으로
# 살아간다는 것

## 쓰는 사람으로 살아간다는 것

| | |
|---|---|
| **초판인쇄** | 2025년 09월 03일 |
| **초판발행** | 2025년 09월 10일 |
| **지은이** | 김영서 |
| **발행인** | 조현수 |
| **펴낸곳** | 도서출판 프로방스 |
| **기획** | 조용재 |
| **마케팅** | 최관호 최문섭 |
| **편집** | 이승득 |
| **디자인** | 오종국 (Design CREO) |
| **주소** | 경기도 파주시 광인사길 68, 201-4호 |
| **전화** | 031-925-5364, 031-942-5366 |
| **팩스** | 031-942-5368 |
| **이메일** | provence70@naver.com |
| **등록번호** | 제2016-000126호 |
| **등록** | 2016년 06월 23일 |

정가 18,000원

ISBN 979-11-6480-396-5   03810

파본은 구입처나 본사에서 교환해드립니다.

자기 고통을
넘어서
더 나은 사람이
되는 길

# 쓰는 사람으로 살아간다는 것

김영서 지음

프로방스

PROLGUE
프롤로그

## '적어놓고 기억하는 삶'

▲▲

제가 조금 울적할 때마다 전화를 거는 친구가 있습니다. 1분만 통화해도 바로 빵 터지게 만드는 재주가 있는 친구랍니다. 제가 '해피 바이러스'라는 별명을 붙여줬지요. 그냥 툭 던진 말인데, 얼마나 재미나고 유쾌한지, 오래 생각하고 고른 단어도 아닌데 어찌 그런 표현이 나올까 싶은 순간도 많습니다. 이 친구에게 저는 여러 번 글을 써 보라고 했습니다. 그때마다 "내가 무슨 글을 써. 나는 못 써." 하며 자기는 글을 못 쓴다고 합니다. "네가 지금 나한테 말한 거 그대로 써. 너는 남을 웃게 만드는 재주가 있단 말이야. 정말 재미난 글을 쓸 수 있을 거야."라고 칭찬을 퍼부어 줍니다. 어제도 몇 분간 통화하면서 박장대소를 했지요. 어김없이 너는 글을 써야 한다고 말했고요. 내가 글쓰기 선생이 되어 줄 테니까, 너는 쓰기만 하면 된다고 했어요. 이 친구에게 아직 쓰겠다는 확답은 못 들었지만, 꼭 쓰는 사람이 되었으면 좋겠습니다. 이 책은 글 쓰는 사람으로 살아가자고 다정하게 꼬드기는 책입니다. 나 같은 사람도 쓰는데, 누구든 마음만 먹으면 다 쓸 수 있다고. 그러니 함께 쓰자고 손을 내미는 책입니다.

2008년 12월 23일, 이날은 제게 있어 역사적인 시작을 알린 날입니다. 어떤 일의 시작이냐고요? 바로 메모 수첩을 사서 메모를 하기 시작한 날입니다. 그전에도 여기저기 메모를 하긴 했으나, 막상 그 메모를 찾으려면 어디에 메모해 놓았는지 찾아 헤매기 일쑤였죠. 안 되겠다 싶어서 스프링 달린 손바닥만 한 수첩을 샀습니다. 그때부터 수첩은 제 인생을 변화시키는 조력자가 되었습니다. 메모를 계속하다 보니, 이렇게 쓸모가 있는데 왜 더 일찍 시작하지 못했을까 하는 아쉬움이 듭니다. 그 메모가 원인이 되어 지금은 쓰는 사람으로 살아갑니다. 이제는 '메모가 체질'이 되었고, 그 메모가 쌓이다 보니 현재는 86호 수첩을 쓰는 중입니다.

결핍이 많은 환경에서 자라서인지 자존감이 한없이 낮았습니다. 여러 배움을 통해서 그 결핍을 채워나갔고, "자기계발을 취미처럼 한 덕분에 취미가 직업이 될 수 있었고, 지금은 재미난 인생을 살고 있습니다. 배움을 통해 조금씩 나아가는 사람이 될 수 있다는 것을 알아가는 중입니다. 주변을 둘러보면 어떤 상황에 짓눌려 무기력하게 사는 사람이 있습니다. '나는 잘하는 게 없다.' '가진 게 없다.'는 이유로 좌절하고 비관적으로 살아가기도 합니다. 글을 쓰면 인생을 밝고 당당하게 살아갈 수 있다는 사실을 알려주고 싶어서 이 책을 쓰게 되었습니다. 지극히 평범한 아줌마였던 제가, 독서지도사가 되어 쓰는 사람으로 살아가며 얻은 깨달음과 시행착오, 많은 정보를 녹였습니다.

글을 쓰며 삶을 기록해 나가다 보니 날마다 성장하는 삶을 살게 되었고, 쓰는 사람으로 누구보다 단단한 마음으로 살아가고 있습니다. 쓰기에 계속 관심을 가지다 보니 우연한 계기로 아동문학을 배우게 되었고, 동시를 쓰면서 2022년에는 《고래가 살지 않는 집》이라는 동시집을 출간했습니다. 흙수저로 태어나 자신감이 없어 좌절도 했지만, 글을 쓰며 살아가다 보니 상황이 나아졌고, 조금씩 보여줄 게 있는 사람으로 변해간다는 것을 이야기해 주고 싶었습니다. 동시인이자, 16년 차 독서지도사로 살아가는 소박한 삶의 기록이지만, 누군가에게는 분명 삶의 의지를 끌어올리리라 확신합니다.

날마다 뭔가를 끄적거리다 보면 글을 쓰고 싶은 욕구가 더 생기고, 결국 쓰는 사람으로 살아가고 싶어집니다. 쓰는 사람으로 살아가다 보면, 그냥 주어지는 대로 인생을 사는 게 아니라, 내가 살고 싶은 대로 인생을 계획하며 살아가게 됩니다. 어릴 때부터 누가 꿈을 물으면 꼭 빠뜨리지 않았던 꿈이 작가였습니다. 글을 쓴 덕분에 마침내 작가라는 꿈을 이루어가는 이야기도 썼습니다.

글을 쓰면서 어떻게 막힌 인생에 그 해답을 찾아가는지, 버킷리스트, 나만의 이력서 쓰기, 글쓰기 일지, 메모 수첩 등을 통해 나를 어떻게 성장시키는지, 삶에 재미를 주는 소소한 이벤트까지 다양한 Tip을 제공합니다. 더불어 나를 사랑하게 되는 글쓰기 훈련으로 소주제를 통해 글쓰기를 쉽게 시작해 볼 수 있습니다. 글을 쓰며 삶의 온도를 높이는 방법, 나만의 오리지널리티를 만들며 살아가는 이야기까지 모두 담았습니다. 이 책을 읽다 보면 당장 수첩을 사러 나가고 싶은 욕구가 생길지도 모릅니다.

앞으로도 읽고, 쓰고, 생각하며 행동하는 사람이 되기를 소망합니다. 같이 쓰는 사람으로 살아갔으면 좋겠습니다.

오늘이 바로 글쓰기 좋은 날,   저자 **김영서**

# CONTENTS 차례

프롤로그 | '적어놓고 기억하는 삶' _ 04

### 제1장
## 쓰는 사람으로 살아간다는 것

01 글을 쓴다는 건 살아있다는 것이다 ········································· 12
02 내 인생의 구세주는 글쓰기였다 ············································· 21
03 인생의 터닝 포인트를 만나게 된다 ········································· 29
04 글을 쓰면 막힌 인생에 해답이 보인다 ···································· 38
05 16년 차 독서지도사의 마음챙김 글쓰기 ································· 44
06 나만의 강력한 무기를 갖는다는 것 ········································ 52
07 쓴다는 건 다시 시작한다는 것이다 ········································ 58

### 제2장
## 일상의 모든 기록은 쓸모가 있다

01 메모가 체질 ··········································································· 66
02 베껴쓰기의 쓸모 ···································································· 74
03 적어야 이루어지는 마법 ························································ 81
04 나만의 이력서 쓰기 ······························································· 87
05 찰나의 감동을 붙잡는 법 ······················································· 96
06 기록은 무의미에 맞서는 일 ·················································· 103
07 나를 채우는 글쓰기 일지 ····················································· 110

## 제3장
## 글쓰기는 새로운 환경을 만들어 준다

01 글쓰기를 시작하면 인생이 재밌어진다 ········· 118
02 밥은 굶어도 배우는 건 못 참지 ················ 126
03 글쓰기 동력을 끌어올리는 방법 ················ 136
04 사소한 이벤트, 소소한 삶의 재미 ··············· 143
05 쓰기로 나의 가능성 찾기 ······················ 151
06 글쓰기가 습관이 되려면 ······················ 158
07 글쓰기로 나만의 생업 만들기 ·················· 164

## 제4장
## 하루에 하나, 나를 사랑하게 되는 글쓰기 훈련

01 하루 한 토막, 감사 글쓰기 ···················· 172
02 상처를 치유하는 글쓰기 ······················ 180
03 나를 발견하는 글쓰기 ························ 189
04 자존감을 높이는 글쓰기 ······················ 195
05 나의 비전을 찾는 글쓰기 ······················ 203
06 내 삶에 가치를 심어주는 글쓰기 ················ 211
07 나를 살리는 테마 글쓰기 ······················ 221

## 제5장
### 글을 쓰면 평범한 인생도 특별해진다

01 덕질, 꽤 괜찮은 취미 ···················································· 230
02 쓰기로 삶의 온도를 높여라 ········································· 236
03 글쓰기는 나만의 오리지널리티를 만드는 일 ············ 243
04 쓰다 보면 모든 것이 기적이 된다 ······························ 249
05 글 쓰는 사람은 마르지 않는다 ··································· 257
06 쓰기는 내 삶의 결을 만들어 준다 ······························ 264
07 날아오르지 못해도 괜찮아 ········································· 270

**에필로그** | '쓰는 사람으로 살아갈 우리에게' _ 278

# Chapter 01

## 쓰는 사람으로 살아간다는 것

## 글을 쓴다는 건 살아있다는 것이다

갓 **따른** 두유 한 잔을 놓고 책상 앞에 앉는다. 나는 두유 예찬론자다. 시중에서 판매되는 제품이 아닌, 내 손으로 직접 만들어 먹는 두유를 말한다. 두유 제조기가 집에 없을 때부터 콩을 불린 뒤 삶고 갈아서 두유를 만들어 먹었다. 지금은 두유 제조기가 나와서 생콩과 물만 넣고 버튼만 누르면 30분 후 두유가 완성된다. 세상 편할 수가 없다. 한때 검은콩 두유에 관한 글을 썼다. 따뜻하고 부드럽다. 목 넘김이 좋고, 온몸으로 따뜻함이 퍼져 구석구석 몸을 데워준다. 마치 차가운 방에 보일러를 틀면 시간이 흐르면서 따뜻한 방이 되듯이, 금방 따른 두유도 그렇다. 자극 없이 서서히. 그러나 치밀하게 내 몸을 누비는 소리 없는 전사 같다. '내가 이 차디찬 몸을 데워주마!' 하고. 결국 내 몸은 따뜻함으로 가득 찬다. '역시 두유는 최고다.' 하며 찬사를 퍼붓는다. 내게는 글쓰기가 바로 두유 같은 역할을 한다. 언제 어디서든 시간과 공간의 제약 없이 내 정신을 따뜻하게 데워준다.

  2022년 8월, 첫 동시집을 출간했다. 그 후 동시도 간간이 쓰고 있지만, 마음속에는 내 이야기가 들끓었다. 쓰는 사람으로 살아가면서 성장하고 변화되는 이야기를 하고 싶었다. 우리 아이들에게 "엄마, 지금껏 이렇게 살아왔어."라고 말해주고 싶었다. 책장이 멈춰서 넘어가지 않는 것처럼, 이 이야기를 쓰지 않고서는 다른 영역으로 옮겨가기가 힘들었다. 메모하며, 글을 쓰면서 치열하게 살아온 내 이야기를 털어놓고 싶었다. 글을 쓰며 산다는 건 살아있다는 것이기 때문이다.

  상처가 나면 제일 먼저 후시딘 연고를 찾는다. 후시딘 연고를 바르면 상처가 아물고, 시간이 지나면 새살이 돋는다. 나에게 후시딘 연고란 무엇인지 묻는다면, 1초의 망설임도 없이 글쓰기라고 말하고 싶다. 글을 쓰다 보면 간혹 그 상처를 딛고 더 큰 희망이 싹트기도 한다. 힘든 마음, 아픈 마음도 하나하나 왜 힘들고 아픈지 이유를 써 내려가면 그 상처가 쉽게 아물고, 흉도 지지 않았다. 글쓰기는 손으로 직접 펜을 들고 종이에 쓰거나, 컴퓨터 자판을 두드림으로써 결과물이 만들어진다. 그래서 글을 쓴다는 건 흘러가는 대로 그냥 사는 게 아니라, 생각하며 산다는 것이다. 글을 쓰지 않았다면 내 삶은 괴로움과 우울함에 허덕이는 날이 많았을지도 모른다.

한때 걱정을 달고 살았다. 조금 예민한 성격이라, 여기저기 신경 쓰는 일이 많았다. 예민하다고 하면 날카로운 사람이라고 생각할지 모르나, 어느 글에서 예민한 사람을 이렇게 표현했다. "예민한 성격은 섬세하다는 뜻입니다. 섬세한 사람은 따뜻하고 꼼꼼한 장점이 있습니다." 이 문장을 읽고 '그래 맞아, 나도 마찬가지야!'라고 생각했다. 예전에는 일어나지도 않은 일을 미리 걱정하는 경우가 많았다. 잔뜩 신경을 썼다 하면 머리가 아팠다. 보험회사에서 받은 어른 주먹만 한 크기 정도의 걱정 인형을 오랫동안 달고 다닐 정도로 걱정에 취약한 사람이었다.

당시 위암이 발병해 수술한 남편이 재발하거나 건강에 이상이 생기면 어쩌나 하는 걱정이 제일 컸다. 남편과 식성이 비슷했기에, 위가 그리 썩 좋은 상태는 아니었다. '나는 앞으로 괜찮을까?' 하는 건강 염려증도 컸고, 본업에서 오는 심리적, 육체적 부담감과 아이들 학업과 진로문제도 한몫했다. 그래서 읽게 된 책이 데일 카네기가 쓴 《데일 카네기 자기관리론》이다. 책에서는 이 책을 잘 활용하기 위한 방법으로 9가지를 제시했다. 그중 9번이 눈에 들어왔다.

"일기를 쓰라. 이 책의 원리를 적용해 어떤 성취를 거두었는지 기록하라. 이름, 날짜, 결과 등을 구체적으로 쓰라. 계속 기록하다 보면 더 많은 노력을 해야겠다는 동기가 부여될 것이다. 만약 몇 년 후 어느 저녁에 우연히 이 기록을 보게 된다면 얼마나 근사하겠는가!"

당장 노트를 꺼내 걱정거리를 써 내려가기 시작했다. 해결방법도 썼다. 책 귀퉁이에 "이걸로 브런치 작가에 도전할까? 예를 들면, 〈걱정이 내 인생을 망치기 전에〉라는 제목으로 이런 메모도 해놓았다. "아무것도 하지 않으면 달라질 것이 없음을 다시 깨닫기 시작했다. 가슴이 뛴다. 그저 그런 인생을 사는 것이 아니라, 얼마나 열정을 가득 품은 삶을 살았고, 또 살고 있고, 앞으로도 그렇게 살고 싶은지를 증명할 때가 올 것이다. 그래 다시 시작하는 거야!"라고. 이때는 다음 브런치에 작가 승인을 받지 않았었는데, 이 주제로 브런치에 작가 승인을 받아볼까? 하는 생각을 품다 보니 가슴이 뛰었다. 후에 다른 주제로 승인을 받았지만, 글을 쓰면서 걱정거리가 내게 덜 스며들도록 만들었다. 새로운 뭔가를 계획하면서 삶의 의욕을 끌어올렸다. 다음 브런치는 네이버 블로그처럼 글쓰기 플랫폼이다. 네이버 블로그는 바로 글을 쓸 수 있지만, 브런치는 심사를 거쳐 작가 승인이 되어야 글을 발행할 수 있다.

《데일 카네기 자기관리론》에는 알렉시스 카렐 박사의 말도 나온다.

"현대 도시의 한복판에서 내적 자아가 평안한 사람에게는 신경질환에 대한 면역력이 있다."

'내적 자아가 평안해야 되겠구나. 몸만 면역력을 끌어올릴 게 아니라, 정신적인 면역도 끌어올려야겠구나' 생각했다. 큰돈 들이지 않고 내적 자아를 평안하게 만드는 방법 중 누구든 쉽게 접근할 수 있는 건 글쓰기가 아닐까 싶다. 데일 카네기는 인간은 대부분 자신이 생각하는 것보다 훨씬 강하다며《월든》의 작가 헨리 데이비드 소로가 말한 부분도 소개한다.

"사람에게는 의식적인 노력으로 삶의 가치를 높이는 능력이 있다는 사실보다 우리에게 용기를 주는 것은 없다. 자신이 꿈꾸는 방향으로 자신 있게 나아가며, 자신이 상상한 삶을 살아가고자 노력하는 사람은 평소에 기대했던 것보다 큰 성공을 거둘 것이다."

헨리 데이비드 소로가 말한 것처럼, 글을 쓰면서 의식적으로 생각의 변화를 끌어냈다. 이런저런 걱정을 폭풍같이 쓰면서 해결책을 찾다 보니, 이후에는 걱정에 대한 생각 변화가 찾아왔다. 미리 걱정하지 않으려고 노력한다. 걱정을 양껏 한다고 그 걱정이 사라지거나 줄어드는 것도 아니기에, 묵묵히 해야 하는 일을 해 나간다. 생각한 그 걱정이 별거 아닐 일로 끝날 수도 있으니 말이다.

최근 큰 걱정거리로는 대학병원 검사 결과였다. 1년에 한 번씩 대학병원 소화기 내과에 가서 검사를 받았다. 몇 년 전 건강검진에서 괜찮을 것 같긴 한데, 혹시 모르니 대학병원에서 췌장 검진을 받으라는 소견을 들었다. 다른 데도 아니고 췌장이라기에 무서웠다. 피검사와 복부 CT 촬영을 3년 동안 하면서 추적 관찰을 했다. 매년 처음과 변화는 없다고 했다. 조영제를 넣고 복부 CT를 찍었다. 결과를 듣기 위해 교수님을 만나러 가는 길은 겁이 났다. 꾹 다문 교수님의 눈빛과 표정을 먼저 읽고 있으면 불안감이 엄습해 오기도 했다. 혹시 이상이 있으면 어쩌나 하고. 병원 대기실에서 수첩에 글도 쓰면서 불안을 떨쳐버리려고 했다. 올해는 매년 이렇게 추적 검사하는 게 초조해서 너무 마음이 쓰인다고 했다. 그러자 교수님은 핵의학과 감마카메라실에서 동위 원소 검사를 해보자고 하셨다. 2cm 크기의 그것이 부비장인지, 신경내분비성 종양인지 판별

하는 검사라고 했다. 내가 다니던 병원에서는 작년 가을쯤 도입했다고 한다. 더 정확하고 빠르게 진단할 수 있는 장비라고 했다. 이걸 찍어서 이상이 없으면 이제 매년 추적검사를 하러 오지 않아도 된다고 했다. 검사 시간도 길지 않았다. 검색해 보니 감마선을 방출하는 방사성 의약품을 정맥주사한 후 의약품이 심장이나 뇌, 간, 뼈 등 관심 장기에 섭취되면, 이를 촬영하여 질병으로 인한 변화를 진단하는 첨단의 검사방법이라고 나와 있다. (출처, 서울대학교병원)

검사를 앞두고 있는데 지인한테서 톡이 왔다. 한국동시문학회 카페에 '2025년 2월 이달의 좋은 동시' 10편 가운데 내 동시도 올라와 있다고 했다. 나도 가입한 카페지만 자주 들어가는 게 잘 안 되었다. 지인이 보내준 링크를 타고 들어가서 내가 쓴 동시 〈겨울을 먹다〉와 내 이름을 발견하니 얼마나 반갑던지, 힘내라고 선물을 전해주는 듯했다. 지인에게 아침부터 좋은 소식을 전해줘서 고맙다고 했다. 천사 까치 같다고 기쁨을 표했다. 지인은 자기 일처럼 반가웠다고 했다. 사실 마음에 돌덩이 하나 얹힌 기분이었는데, 이 소식으로 한층 기분이 밝아졌다. 왠지 검사 결과도 좋을 것 같은 예감이 들었다. 이 또한 동시를 쓰지 않았다면 오지 않을 순간이었으니, 여러모로 글쓰기는 나를 살아있게 하는구나 싶었다.

2cm 그 무엇이 악성종양일지 검사 결과에 대한 두려움은 있었

으나, 글을 쓰면서 조금씩 날려 보냈다. 그 시기에 오히려 이 책을 쓰는 데 더 집중했다. 혹 결과가 나쁘더라도 이 책은 꼭 마무리해야지 각오를 다지면서 썼다. 어떤 상황이 와도 그냥 주저앉지는 않겠다는 마음이 컸다. 다행히 검사 결과는 괜찮았다. 2cm 크기의 그것은 부비장이라고 했다. 이제 매년 정기검사를 오지 않아도 된다는 결과를 들었다. 앞으로는 건강을 제일 우선으로 살뜰하게 챙겨야겠다고 다짐했다.

어느 날 메모 수첩을 정리하다, 2017년 6월 9일 금요일 새벽 5시 20분에 쓴 글을 봤다. 이때는 지금은 돌아가시고 안 계신 아버지가 치매를 앓고 계시던 시기였다. 제목은 〈새벽에 깨어 문득 든 생각〉이다.

"이 아침에 이렇게 멀쩡히 눈을 뜰 수 있는 날들이 얼마나 남았을까, 온전히 내 정신을 가지고 또렷이 새 하루를 맞는 그날이 얼마나 남았을까. 그날이 그날 같고, 아침이 되었는지 저녁이 되었는지. 계절이 바뀐 것조차 알지 못하는 치매 앓는 아버지가 떠오르는 이 순간, 오늘이 마지막인 것처럼 그렇게 살아야지. 남의 아픔에 더 눈 뜨며 살아야지."

글을 쓴다는 것은 이렇게 감정을 잊어버리지 않고 기억하는 일이고, 그 기억을 따라 삶을 충실하게 살아가게 해준다. 어떤 아픔이 와도 그 아픔에 조근조근 맞서서 다시 살아가게 한다. 살아있는 나를 다시 느끼게 해주는 일이라는 생각이 든다. 주어지는 대로 그냥 사는 게 아니라, 의지대로 살아있음을 느끼는 일이구나 싶다. 글을 쓴다는 건 살아있음을 증명하는 일이다.

### 오늘의 한 줄 요약

글을 쓰면 살아있음을 느낀다.
걱정거리가 있다면 당장 노트를 꺼내 걱정거리를 쓰자. 나만의 해결방법도 써 보자.

## 02

# 내 인생의 구세주는 글쓰기였다

**딸이 조용히 다가와** 내 목을 끌어안았다. 작년 7월 30일, 마음 부딪힘이 있었던 날이다. 내가 속상해하는 모습을 보이자, 딸이 위로를 해주었다. '딸이 없었으면 어쩔 뻔했나!' 하는 생각이 들었다. 딸에게 고맙다고 했다. 그 후 나는 책을 읽고, 수첩에 답답한 마음을 쏟아냈다. 엉킨 실타래가 풀어지듯 마음이 풀렸다. 어릴 때부터 그랬다. 쉽게 좌절도 했지만, 글을 쓰면서 스스로 잘 이겨냈다. '읽기와 쓰기를 통해 심란한 마음을 잠재우고 평온함을 되찾은 날'이라고 썼다.

독서심리상담사 자격증 취득을 위해 공부할 때, '회복탄력성'이라는 말을 처음 접했다. 회복탄력성이란 국어사전에는 실패나 부정적인 상황을 극복하고 원래의 안정된 심리적 상태를 되찾는 성질이나 능력이라고 나온다. 나는 글 쓰는 것을 좋아해서 회복탄력성이 큰 사람이 아닐까 싶다. 어떤 상황에서도 그 상황에 오래 매몰되지 않고 금방 털고 일어선다. 스스로 내 마음을 치유하는 길을 잘 알고 있어서 다행이다.

쓰기를 할 수 있게 된 시기부터 쓰기가 나를 어려움에서 벗어나게 해주었다. 작가 김형경은 《사람 풍경》에서 '중독'은 '애정 결핍'에서 온다고 했다. 글쓰기에 푹 빠진 이유도 어린 시절 관심과 사랑을 못 받은 탓인가 싶기도 했다. 뭔가 답답한 마음을 풀어낼 존재가 필요했으니까.

아버지는 술을 드시는 날이 많았고, 그런 날이면 언제나 집은 시끄러웠다. 엄마는 남아선호 사상이 강한 분이라 늘 아들 편을 드셨다. 무슨 말을 해도 끝까지 잘 들어주지 않으셨다. 부모님의 다툼이 잦아서 집은 평온한 안식처가 되지 못했다. 마음속 깊은 곳에서 끓어 넘치는 말이 많았다. 소심해서 말보다는 글로 쓰는 게 더 편했다. 어디 내보이는 글이 아니었기에, 누구의 눈치도 보지 않고 속에 있는 말을 털어놓았다. 억울하고 답답한 마음이 조금씩 해소되어 갔다. 일기를 쓰든, 하소연을 쓰든 항상 글 끝에는 다짐을 언급하곤 했다. 그 다짐을 지키려고 따라가다 보면 삶이 힘들어도 나를 구원해 주는 느낌을 받았다.

내 취미와 특기는 글쓰기다. 어릴 적부터 글쓰기가 나를 살렸다. 변치 않는 친구이자 나를 나타내주는 정체성이다. 지역아동센터에서 독서 지도 교사로 7년간 일할 때도 메모 수첩을 늘 끼고 살았다. 1년짜리 비정규직이라, 해마다 고용불안에 시달렸다. 비정규직이지만 좌절하지 않고 계속 자격증을 따면서 내 가치를 높이는 데 힘썼다. 지금은 대부분 무기계약직으로 바뀌었다고 들었지만, 내가 근무할 때만 해도 나를 성장시키는 데 노력을 다해야 했다. 1년마다 재계약을 했고, 재계약을 하려면 부지런히 자기계발한 결과물을 보여줘야 했다. 그전에도 배움을 좋아했지만, 일을 계속하려면 배움은 필수였다.

큰아이가 초등학교 2학년일 때, 1년 동안 여러 기관에서 독서 지도 관련 수업을 듣고 자격증을 땄다. 하루는 수업을 같이 들은 지인한테 전화가 왔다. 지역아동센터에서 아동복지교사를 모집하는데, 독서 지도 분야에 같이 응모를 해보지 않겠느냐고. 가슴이 뛰었다. 독서 지도 교사는 전일제와 시간제 교사를 모집했고, 우리는 주 5일 수업하는 전일제 교사에 응모했다.

어릴 적 꿈이 선생님이었던 때도 있었지만 그건 꿈에 불과했고, 한 번도 내가 누구를 가르칠 능력이 된다고 생각해보지는 않았다. 뛰는 가슴으로 자기소개서를 쓰고, 면접을 봤다. 독서 지도교사는 뽑는 인원이 적었는데, 원서를 같이 내보자고 한 지인은 떨어지고 나는 합격했다. 왜 흔히 연예인들 데뷔 이야기를 듣다 보면, 종종 나오는 친구 따라 오디션 보러 갔다가 친구는 떨어지고 정작 본인은 합격했다는 얘기. 내 경우가 딱 그랬다. 같이 되었으면 좋았을 텐데, 나 혼자만 덜컥 독서 지도 교사에 합격했다. 떨리기도 하고, 미안하기도 했다. 지인은 미안해하는 내게 쿨하게 말했다. "나는 이쪽 일과는 인연이 아닌가 보네." 하며 오히려 나를 응원했다. "자기는 잘할 거야."라고. 그 지인은 현재 고등학교에서 교무실무사로 근무하고 있다. 아동복지교사 담당 팀장님한테 들은 얘기로는 당시 나보다 학벌도 좋고 경력이 다양한 지원자가 많았는데, 그중 내가 뽑혔다고 했다. 내 생각으로는 자기소개서가 합격에 큰 역할을 하지 않았나 싶다.

　자기소개서에 경력은 없지만 얼마나 준비된 사람인지, 나를 뽑아야 하는 이유를 열정 가득 담아 솔직하게 썼다. 스크랩해서 모은 파일도 수십 개가 된다고 적었다. 글쓰기를 좋아하는 마음도 담았다. 아동복지교사라는 명칭을 들었을 때부터 가슴이 뛰었다고, 믿어주고 기회를 주면 잘 해낼 자신이 있다고 했다. 이렇게 해서 지역아동센터 독서 지도 교사가 되어 가르치는 일을 처음 시작했다. 지역아동센터는 사회복지시설이다. 사회복지시설에서 일을 하자니 사회복지에 대해서도 알아야겠다 싶어서 사회복지사 자격증을 떴다. 그전에는 내 아이가 전부였다. 사회복지시설인 지역아동센터를 다니면서 내 아이가 아닌 다른 아이도 보이기 시작했다. 내가 미처 알지 못한 세상이 눈에 들어왔다.

독서 지도 교사가 되고 신입 교사 수기 공모에 뽑혔다. 제목이 〈노오란 개나리빛 꿈〉이다. 이 글이 지역아동센터에서 독서 지도 교사로 7년간 근무했던 나를 대변한다. 신입 교사의 수기지만, 7년 동안 근무해 보니 쉽지만은 않은 일이었고, 분명한 건 역시나 가슴 뛰는 일이었다. 그때 쓴 신규 아동복지교사 수기를 옮겨본다.

'아동복지교사'라는 이름으로 가슴 뛰는 일을 시작한 지 벌써 두 달이 지났다. 아동센터에 출근하고, 첫날은 센터 분위기며 어떻게 수업을 해나가면 좋을지 구상하느라 정신이 없었고, 첫 수업을 한 날은 진이 다 빠졌다. 이렇게 1년을 견딜 수 있을까, 하는 불안감마저 들 정도였다. 그것도 잠시 정신없는 하루하루가 시작되었다.

아이들과 친밀감을 형성하기 위해서 우선 이름부터 불러줘야겠다는 생각이 들었다. 다이어리에 아이 이름과 학년을 적어가며 일일이 외우고, 가능하면 이름을 불러주려고 노력했다. 독서 지도 교사로 부푼 꿈을 안고 수업 준비를 해갔는데, 처음에는 준비한 수업 자료를 다 전하지도 못할 때가 많았다. 장난기 가득한 저학년 남자아이가 많은 센터는 수업에 집중도를 높이기가 힘이 들었다.

사실 얼마간은 '이 녀석들이 오늘은 어떻게 날 애먹일까?' 하는 걱정에 겁이 나기도 했다. 한참을 고민하다 유독 수업 분위기를 흐리는 아이는 조용히 불러 내 마음을 전했다. 야단을 치는 게 아니라, 그 아이의 생각과 말을 우선 들어주고, 그 아이 태도에 대한 내 생각도 솔직히 전했다. 그 후로 달라진 그 아이의 행동을 보면서, 조금씩 아이 다루는 법도 배워가고, 자신감도 키워가고 있다. 두 달 동안 몸살 두 번에, 입술이 부르트기도 할 만큼 피곤한 날이었지만, 센터에 들어서면 다 잊어버리고, 센터 속 세상에 빠져든다. 바깥세상과 단절된 〈이상한 나라 앨리스〉에 나오는 세상처럼 또 하나의 세상 같은 느낌이다.

**"선생님, 제 옆에서 같이 밥 먹어요."**
**"선생님 매일 왔으면 좋겠어요."**
**"수업이 재밌어요."**

이렇게 나를 힘 나게 해주는 아이, 몰래 뒤에 살짝 와서 껴안는

아이, 또 사탕이며 껌을 살며시 건네주고 가는 아이까지 있다. 이런 살가운 아이들을 대할 때면,

"수업 안 하면 안 돼요?"

나를 힘 빠지게 만드는 녀석의 모습까지 싹 잊어버리게 된다. 교사로 아이들 앞에 섰지만, 일방적인 전달자 역할만은 하고 싶지 않다. 아이의 손을 잡아주고 눈높이를 맞춰주면서 그들과 같이 호흡하면서 성장하고 싶은 바람이다. 가르침을 주지만 나 또한 아이들에게 많은 것을 배우는 요즘이다. 앞으로 남은 날이 기대가 되고, 수업을 준비하는 마음 또한 여전히 설렌다. 결코 쉽지 않은 일이지만 가슴 뛰는 일임에 분명한 '아동복지교사' 1년 후 우리 아이들과 내가 어떻게 변화할지 노오란 개나리빛 꿈을 꾸어본다.

-2010년 3월 6일 토요일 '신규 아동복지교사 수기 공모'

돌아보니 어릴 때부터 글쓰기가 내 인생을 구한 순간이 많았다. 1년간 독서 논술 관련 자격증 수업을 들으면서도 빼곡하게 필기를 했다. 어떨 때는 강사님 농담까지 놓치지 않고 필기를 했으니, 학

교 다닐 때보다 더 열심히 공부한 시절이 아니었나 싶다. 아동센터에서 독서 지도 교사로 7년간 지낼 수 있었던 이유도 자기소개서 덕분이고(나는 분명 이렇게 생각한다.), 독서 지도 교사로 어떻게 하면 좋을지도 수기를 쓰면서 마음을 먹었다. 인생 곳곳에서 말없이 내 손을 잡아 이끌어 주고 길을 안내해 준 건 바로 글쓰기였다. 건물주 되기는 어려워도 돈 한 푼 안 드는 구세주는 가까이 둘 수 있으니 마다할 이유가 없다.

### 오늘의 한 줄 요약

당신을 살린 구세주는 무엇인가? 없다면 '글쓰기'라는 구세주를 추천한다.

## 인생의 터닝 포인트를 만나게 된다

**작은 아이가** 여섯 살 무렵, 한식 조리사 자격증을 취득하기 위해 수업을 들었다. 그때 같이 수업을 듣던 지인이 어린이집 조리실에서 근무하고 있었는데, 하루는 보조 인력을 구한다면서 해보지 않겠냐고 권유를 했다. 근무 시간이 오전 10시부터 오후 2시까지라 아이들 유치원, 학교 보내고 몇 시간 동안만 하면 돼서 부담이 없었다. 요리에도 관심이 있던 터라 해보겠다고 했다. 예쁜 상차림에도 눈길이 가고, 푸드스타일리스트가 되고 싶다는 생각을 막연히 해보기도 할 때였다. 점점 일이 익숙해지니, 문득문득 '내가 여기서 대체 뭘 하고 있는 거지?' 정확하게 뭔지는 모르지만 내가 좋아하고 잘할 수 있는 일이 분명 따로 있다고 생각했다. '요리하는 일이 내가 정말 좋아하는 게 맞나?' 하는 생각이 들었다.

막상 같이 일해 보니, 지인은 상당히 비관적인 사람이어서 나까지 괜히 침울해졌다. 그만두어야겠다고 마음먹을 즈음, 지인이 먼저 그만두고 새로운 조리사 선생님이 오셨다. 그분은 항상 콧노래를 흥얼거리면서 요리를 했다. "요리하는 게 즐거우세요?" 물으면 "난 너무 좋아. 그래서 일하는 것도 덜 힘든 것 같은데…" 하고 말했다. 순간 '아, 이 선생님이야말로 진심으로 요리를 좋아하는 사람이구나!'라고 느껴졌다. 한때 요리와 관계된 일을 하고 싶어 했으나, 나는 결코 요리하는 걸 좋아하는 사람이 아니었음을, 요리는 단지 흥미가 있었을 뿐이라는 사실을 깨달았다. 남편이 위암 진단을 받으면서 8개월을 끝으로 그 일을 그만두었다. 독서논술지도사 첫 자격증은 1년 정도 쉴 때, 취득하게 된 자격증이다.

독서 논술을 배운 일은 내 인생의 첫 번째 터닝 포인트라고 할 수 있다. 그때까지는 내가 아이들에게 독서 논술을 가르쳐 보겠다는 생각은 단 한 번도 해보지 않았다. 쓰기를 좋아하고 책을 읽기는 했지만, 내가 할 수 있는 분야라고 생각하지 않았다. 자신감이 없었다. 아동문학을 공부하고 나서 선배 시인도 나 스스로 나를 너무 과소평가한다고 했다. 그러니 좀 더 자신감을 가지라고 조언했다.

일을 안 하고 쉴 때도 관심 가는 데가 많아서, 신문이나 동네 소식지를 열심히 뒤적거렸다. 어느 날, 지금은 아트센터로 이름이 바뀐 동네 문화회관 소식지를 보다가 '어머니 독서논술지도사 고급과정'이라는 강의가 눈에 띄었다. 초급, 중급, 고급으로 나뉜 총 9개월짜리 강의였다. 첫 수업 날 뭔가 머리를 한 대 얻어맞은 느낌이 들었다. '내가 하고 싶었던 게 바로 이런 거잖아.' 수업이 그렇게 재미있을 수가 없었다. 열성적으로 9개월을 채웠다. 수업을 듣는 와중에도 도서관, 여성회관, 대학교 평생교육원 등 닥치는 대로 독서지도와 관계된 수업을 들었다. 첫 번째 독서지도사 자격증은 대학교 평생교육원에서 독서 논술을 지도하시는 교수님께 2주간 스파르타 수업을 받고 취득했다.

문화회관에서 9개월 과정 수업이 끝나던 날 수업시연을 했다. 고정욱 작가님의 《안내견 탄실이》라는 책을 선택했다. 수줍음 많던 내가 어디서 그런 용기가 났는지 모르겠지만, 제일 먼저 하겠다고 손을 들었다. 떨릴 줄 알았는데, 편안한 인상으로 보고 있는 강사님과 동료수강생들을 보니 긴장감이 좀 풀어졌다. 안대까지 미리 준비해 가서, 장애인 체험도 하며 무사히 수업을 마쳤다. 강사님이 별 다섯 개를 주고 싶다는 평가를 하셔서 날아갈 듯이 기뻤다. 나도 아이들을 가르쳐 볼 수 있겠다는 용기가 처음 생겨난 순간이었다.

"선생님은 원래 수업하시던 분 같아요!"

칭찬도 들었다. 강사님은 이날 내게 자기가 운영하는 독서 논술 학원에서 실습을 해보지 않겠냐고 제안을 해 주셨다.

그곳에서 3개월을 실습하고, 다음 해 지역아동센터 독서 지도 교사로 일을 시작하게 되었다. 처음으로 센터에 가보니 아이들도 많고, 센터는 다 오픈된 공간이었다. 실무자들 방이 따로 없고 칸막이만 쳐진, 한마디로 대형 원룸 같은 그런 곳이었다. 그러니 내가 수업을 한다면 센터장님, 복지사 선생님들, 조리사 선생님이 다 들을 수밖에 없었다. 첫 실전이라 떨리고 부담이 컸었지만, 안 그런 척하며 수업을 진행했다. 며칠 후 센터 회식에서 카리스마 있기로 유명한 복지사 선생님 한 분이 첫 수업 때 내 모습을 이렇게 평가하셨다. 지금껏 내가 이 일을 계속할 수 있도록 해준 인정의 말이 아니었을까 싶다.

"선생님은 초짜 같지 않았어요!"

지역아동센터에서 독서 지도 교사로 일을 하면서도 실력을 쌓는데 게을리하지 않았다. 독서심리상담, 역사논술, 그림책 수업,

동시 수업, 문예창작학과 편입, NIE지도사 과정 등 계속 배움을 이어나갔다. 나는 일을 하고 있으면서 늘 다음을 준비해 나가는 편이다. 지역아동센터에서 독서 지도 교사로 7년째 일을 하고 있을 때, 자꾸 회의감이 들었다. 독서 지도만 하고 싶은데, 기초 학습까지 다 봐주어야 했다. 수포자인 내가 맨날 수학을 붙들고 있으려니 머리에 쥐가 나는 것 같았다. 점점 독서 지도보다 수학을 가르치는 시간이 더 늘어났다. '이게 아닌데!' 오로지 독서 논술만 지도할 수 있는 일을 찾아보자는 생각이 들었다. 먼저 하고 있던 지인이 권유한 한우리 독서지도사가 되기로 했다. 아동센터 독서 지도 교사는 7년을 채우고 그만두었다.

 이 글을 읽고 계신 독자 여러분도 혹시나 독서지도사로 일하고 싶다면 지역마다 많이 있는 지역아동센터에서 봉사를 해보는 것도 좋겠다. 봉사 실적도 올리면서 실력도 쌓을 수 있으니 말이다. 지역아동센터에 대해서 궁금하면 각 지역 구청에 담당하는 부서가 있으니, 거기에 문의하면 된다. 독서 논술 수업은 자잘한 업무와 학부모 상담이 늘 공존한다. 스트레스가 되기도 하지만, 글 쓰는 사람으로 커나가는 데 도움이 되는 일이기도 하다. 다양한 수업 필독서를 읽고 이야기 나누면서 나 또한 많이 배우니까 말이다. 그래서 나는 오늘도 독서지도사로 밥 먹고 산다.

두 번째 인생 터닝 포인트는 무료 아동문학교실을 1년 수료한 일이다. 십여 년 전 어느 날, 신문을 읽다가 '무료 아동문학교실'이라는 문구가 눈에 들어왔다. 무료라고? 그것도 1년씩이나? 그동안 문학에 관심 있다고 생각하면서도 특별한 제스처를 취하지 않았다. 아동문학가 양성을 위한 아동문학교실이라니? 한번 가볼까? 호기심이 생겼다. 출판사 한 공간이 강의실로 사용되었고, 주관은 혜암아동문학회였다. 7기로 등록을 했다. 당시에는 아동문학가 혜암 최춘해 선생님이 지도를 하셨다.

월요일 오전에 수업을 들었는데, 매주 일기 검사를 했다. 내용은 보지 않고 일기장을 휘리릭 넘기면서 열심히 썼나 안 썼나만 보셨다. 팔순에 가까운 연세였지만 제자들에게 꼬박꼬박 존댓말을 쓰셨다. 온화하고 인자하셨다. 일기장을 검사한 후에는 늘 "어이구야, 열심히 쓰셨네요." 웃으면서 칭찬하셨다. 어른이 되어 일기를 열심히 썼다고 칭찬을 받으니, 동심으로 돌아간 듯했다. 한 두어 달쯤 수업을 받다가 집안 사정으로 그만두고 나중에 다시 오겠다고 했다.

매년 신문에는 아동문학교실 수강생 모집 공고가 났다. 볼 때마다 '올해도 안 되겠다. 다음에 가지 뭐.' 하며 미루기만 했다. 3년 후 최춘해 선생님이 10기를 끝으로 마지막 수업을 하신다는 기사가 났다. 선생님 인품에 끌렸던지라, 더 미루면 안 되겠구나 싶어 다시 찾아갔다. 책 모임 회원 두 명에게 같이 배우자고 했고, 우리는 10기로 수료했다. 수료 한두 달 전쯤 이미 시로 등단한 한 수강생이 대구에서 발행하는 문학잡지에 동시를 투고해 보라고 했다. "아유, 제가 벌써 무슨 등단이에요." 그때까지 등단할 생각은 하지 않았다. "그냥 연습 삼아 한 번 내봐요." 자꾸 권하길래 투고를 했다. 40세 되던 어느 날 당선이 됐다는 연락이 왔다. 그게 뭐라고, 소리까지 질러가며 환호했다.

박완서 선생님이 40세에 등단을 하셨다. 나도 마흔에는 등단이란 걸 꼭 해보고 싶다는 생각이 있긴 했다. 〈대구문학〉, 그게 시작이었다. 후에 푸른 책들 출판사가 이끄는 '푸른 동시놀이터'에 동시가 추천 완료되면서 본격적으로 동시인이라는 길을 걷고 있다. 동시에 발을 들여놓고 동시를 하나하나 써 내려가다 보니 2022년 8월 30일에는 첫 동시집 《고래가 살지 않는 집》을 출간했다. 책을 몇 권씩, 수십 권씩 펴내는 작가분들은 어떨지 모르지만 내겐 어마무시하게 큰일이었다.

등단했을 때, 딸아이에게 "엄마, 이제 작가다." 했더니, 딸이 웃으면서 "엄마는 책도 없으면서 무슨 작가야?"라는 말을 했다. 첫 책을 내고 나서는 "엄마, 이제 진짜 작가다." 이번에는 또 "엄마는 책이 달랑 한 권밖에 없잖아." 딸은 나를 계속 도전하게 만드는 말을 했다. "딸, 엄마가 성장하는 것은 다 네 덕분이다. 두 번째 책 출간하면 그땐 제대로 한턱 쏠게." 그때 내가 아동문학교실 수업을 듣지 않았더라면, 아무것도 시도하지 않았더라면, 아무 일도 일어나지 않았을 것이다.

문학인으로의 첫 시작은 이렇듯 1년 과정의 무료 혜암아동문학교실이다. 지금은 최춘해 선생님 제자들이 월요일 오전반, 저녁반으로 나누어서 수업을 이어간다. 주 1회 수업으로, 1년간 이어지는 오프라인 무료 수업이다. 든든한 문우도 이때 얻게 되었다. 올해 1월 아동문학계의 참어른으로 인자하고 따뜻하셨던 최춘해 선생님이 향년 93세로 작고하셨다. 지금은 다들 바빠서 쉬고 있지만, 수료한 후 우리 기수는 매달 한 번씩 오프라인 스터디 모임을 가졌다. 최춘해 선생님은 돌아가시기 몇 년 전까지도 스터디 모임에 나와주셨다. 고령임에도 제자들 주신다고 배낭 가방에 책을 잔뜩 넣어 짊어지고 지하철을 타고 오시던 분이었다. 수많은 제자들이 인생 최고의 스승님으로 생각한다.

동시 쓰기는 지역아동센터에서 평범한 독서 지도 교사로 살아가던 내게 동시인이라는 이름을 붙여줬다. 첫 동시집을 내고, 브런치 작가로 물꼬를 터준 것도 바로 그 문이다. 동시인이 되고 나서부터는 주변이 읽고 쓰는 사람으로 채워지기 시작했다. 동시 쓰기는 여전히 어려운 과제지만, 꾸준히 쓰는 사람으로 살아가게 만드는 자극제가 된다.

독서 논술을 배우기 시작한 게 첫 번째 인생 터닝 포인트라면, 주변 사람이 문학인으로 채워지기 시작한 사건, 동시를 배운 일이 두 번째 터닝 포인트다. 지금 쓰고 있는 이 책 출간이 내 인생을 또 다르게 물들일 세 번째 터닝 포인트가 되지 않을까 싶다. 내 삶에 고소한 들기름을 촉촉하게 얹어주는 일의 시작엔 혜암아동문학교실이 있다. 무료 아동문학수업에 관심 있는 분들은 어서 초록창으로 가시길.

### 오늘의 한 줄 요약

**삶을 다르게 물들인 계기, 인생의 터닝 포인트가 있다면?**

## 글을 쓰면 막힌 인생에 해답이 보인다

　　　　　　2023년 10월, 30년 지기 친구들과 열흘 동안 스페인, 포르투갈 여행을 떠날 때의 일이다. 다섯 명이라 2인 1실을 쓰게 되면 1명이 남았다. 추가하는 베드가 부실하면 불편할지도 모르니 돈을 더 내고 1인실을 추가하자는 의견과 어떤 베드가 나올지도 모르는 데 좀 불편하면 어떠냐며 베드 하나 그냥 더 놓자라는 의견으로 갈렸다. 생각이 하나로 모아지지 않아 결국 카카오톡에 투표창을 열었다. 일한다고 제때 확인을 못 했더니, 2대 2로 갈린 상태에서 내 결정만 남았다. 어떤 선택을 해야 친구들이 열흘 동안 잘 지내다 올 수 있을까, 고민이 되었다. 내 선택으로 인해 혹시 모를 원망은 듣고 싶지 않았다. 심사숙고해서 결정을 내려야겠다는 생각이 들었다. 각각 장단점을 써 봤다. 머릿속에만 있을 때는 어느 쪽으로 선택해야 할지 결정이 어려웠는데, 글로 생각을 풀다 보니 훤하게 보였다. 나는 베드 하나 더 놓는 걸로 결정했고, 10일 내내 만족한 선택이었다. 패키지여행이었고, 추가로 제공된 베드가 좋았던 터라, 우린 1인실을 추가했으면 돈만 아까웠겠다고 한목소리를 냈다.

어떤 일이든 결정을 내리기 어려울 때마다 글로 시각화해 본다. 문제에 대한 원인과 장단점을 비교 분석해서 결정을 내리거나 해결책을 찾는다. 머릿속에만 흐릿하게 넣어두고 있던 문제를 글로 자세하게 쓰면 수정할 부분도, 어느 정도는 답도 보인다. 미국의 화가이자 팝 아트의 거장인 앤디 워홀도 문제가 생기면 내가 어떤 식으로든 해결을 해야 한다고 했다.

"시간이 흐르면 상황이 변한다고 말하지만, 사실 상황을 변화시켜야 하는 것은 바로 당신이다."

우리는 가끔 주어진 상황을 탓하기도 한다. 저절로 나아지기도 하지만, 대부분 그 상황을 바꿔야 하는 사람은 나였다. 내가 변해야 상황도 변한다. 어떤 문제에 직면했을 때, 그 문제를 제대로 보기 위해 해부하려고 애쓴다. 노트에 떨어뜨려 놓고 펜으로 자잘하게 쪼개 쓰면서 그 문제를 해부한다. 무언가 막혔다는 느낌이 들

때도 그렇다. 신문에 〈꽉 막힌 머리를 구하는 방법〉이라는 제목으로 이런 글이 실린 적이 있다.

1) 참자
모든 아이디어에는 관찰하는 시간이 필요하다.
우수한 관찰 끝에 발견이 나온다.
2) 틀자
단어 자체를 확 틀려서 뒤집어서 보라.
보이지 않던 게 보인다.
3) 하자
저질러라.
하나 실패할 때마다 내공이 하나 쌓인다.

무엇 때문에 머리가 꽉 막혔는지 상황에 따라 방법은 달라지겠지만, 나는 보통 글쓰기, 걷기, 음악 듣기, 정리하기, 잠자기, 독서, 필사를 통해 답답함을 푼다.

어느 날 아침 통밀 식빵을 달걀물에 묻혀 구웠다. 조금 더 건강하게 먹으려고 생식 가루를 넣었다. 남편의 아침을 챙기고 나서 귀리를 넣은 검은콩 두유를 만들고, 딸이 원하는 토마토 주스와 아이들이 먹을 김치볶음밥에 통밀 식빵까지 굽던 터였다. 푸른빛이 살짝 돌면서 노릇하게 구워진 빵 4개를 접시에 담으면서 든 생각이다. 내 삶의 모든 포인트는 이제부터 '살리기'라고. 내 몸, 가족의 건강뿐 아니라 글쓰기로 마음까지 소생시키자고.

평소에 건강염려증이 있는 편인데, 대학병원 교수님에게 진료를 받기 며칠 전부턴 더 건강 관리에 신경이 쓰였다. '영서 요리'라는 네이버 밴드 카테고리에 오늘 만든 음식을 올리는데, 생각이 개미 떼처럼 꼬리를 물고 계속 길게 이어졌다. 이 카테고리를 만든 이유는 건강 관리가 필요한 남편과 70~80대 할머니소화력이라고 진단받은 나를 위해서다. 가능하면 인스턴트나 가공식품 대신 자연식 위주로 식사를 준비한다. 블로그나 인스타에서 본 건강식을 따라 만들기도 한다. 주방에서 보내는 시간이 많다 보니, 그냥 시간을 흘려보내지 말고 다 기록으로 남기자는 생각이 들었다. 매일은 아니지만 소소하게 만족할 만한 자연식을 준비했거나 특별한 음식을 했을 때는 사진을 찍어 둔다. 시간이 여유로울 땐 그 음식을 준비하고, 먹으면서 들었던 생각도 함께 남긴다. 이 카테고리를 들여다보고 있으면 내가 한 수고가 고스란히 남아 있어서 좋고, 메뉴를 정할 때도 참고하기가 편하다. 또 건강에 관심 있는 지인과 수다라도 떨게 되면 사진을 보여주면서 이렇게 해 먹으니 좋더라는 얘기도 해준다.

인생의 남은 과제를 스스로 정한 아침이었다. 내 인생에서 관심을 두어 중요하게 생각하거나 이야기할 만한 것은 글쓰기뿐이라고 생각했지만, 삶의 포인트는 생각해보지 않았다. 여기서 내가 생각하는 삶의 포인트란, 인생을 살아가면서 어떤 가치에 핵심을 두고 살아가느냐 하는 얘기다. 밴드에 한 글자 한 글자 써 내려가는 중에 누가 옆에서 불러주는 것처럼, 술술 떠오르기 시작했다. 생각하고 쓰면서 이렇게 내 삶의 철학도 생기고, 신념도 확고해지나 보다.

글을 쓴다는 것은 타인의 강요 없이 스스로 삶의 물음에 답을 하고, 또 그 답을 지켜나가고자 길을 만들어가는 일이 아닌가 싶다. '아침부터 바삐 움직였던 내 동동걸음이 헛되지 않아서 좋다. 부엌에서 내 머릿속 전구에 불이 켜진 것 같은 깨달음을 얻었다.'고 밴드에 기록을 했다.

글을 쓰는 동안 꽉 막혀서 답답한 어떤 문제에 대해서 해답을 얻는다. 하루는 내가 내린 어떤 결정이 잘한 건지, 바보 같은 짓인지 확신이 서지 않아서 가슴이 답답했다. 이랬다면 더 좋았을 텐데. 아쉬움이 들기도 했다. 머릿속이 복잡해 내가 왜 그 선택을 했는지 글로 자세하게 적었다. '그래, 나는 눈에 보이는 이득보다 사람을 선택했다. 그럼, 그것으로 된 거다.' 속마음을 풀어내다 보니 정리가 되었다. 내 생각이 선명해졌다.

아이가 초등학교 다닐 때, 학부모 강의에서 "말귀 잘 알아듣는 아이로 키우세요."라는 말을 들었다. 나도 내면의 내 목소리를, 타인과 세상이 전하는 말을 더 잘 듣고 싶어서 글을 쓴다. 인생을 살아가다 보면 산 넘어 산, 또 산을 만날 때가 있다. 글을 쓰니까, 그 산을 조금 덜 숨차게 넘어간다.

나는 4람으로 살고 싶다. 4람이란 읽는 사람, 쓰는 사람, 생각하는 사람, 행동하는 사람이다. 책꽂이에도 '나는 왜 쓰는가, 4람으로 살아가기'라고 쓴 문구를 붙여놓았다. 책을 읽고, 쓰고, 생각하며, 생각에서 그치지 않고 행동하는 사람이 되고 싶다. 그러다 보면 누가 가르쳐주지 않아도 인생의 문제에 얼마든지 내가 해답을 구할 수 있지 않을까. 길을 잃고 방황할 때마다 쓰면서 답을 찾았다. 글쓰기가 분명 인생 멘토가 되어 줄 것이다.

### 오늘의 한 줄 요약

해결되지 않은 답답한 문제가 있다면, 결정을 내리기가 고민된다면 시각화하자.
종이에 올려놓고 장단점을 자잘하게 쪼개다 보면 해답이 보인다.

# 16년 차 독서지도사의 마음 챙김 글쓰기

작은 아이가 초등학교 1학년이 되던 해 지역아동센터 독서지도사로 처음 일하기 시작했다. 7년간 독서 지도 교사로 일하다가 지금은 프리랜서 독서 논술 교사로 일한다. 때때로 수업하는 아이들과의 대화 속에서 쓰기의 마음을 다진다. 덜 쓰고 있을 땐 더 열심히 써야겠다고 등을 떠밀어 주는 느낌이다. 아이들과 나누는 잔잔한 일상이 글감이 될 때가 많다.

한번은 6학년 여자아이가 내게 물었다.

"선생님, 우리 가르치는 거 안 힘들어요?"
"힘들지!"
"그럼, 선생님 글만 쓰세요. 조앤 롤링같이 판타지 쓰세요."

"선생님은 그런 거 못 써. 나는 그림책이랑 에세이 써 보고 싶어."

"책 나오면 사인해 주세요."

"물론이지. 다 네 덕분으로 생각할게. 우리 oo이가 힘을 줬다고 얘기할게!"

수시로 아이들에게 힘을 받는다. 빨리 사인해 주고 싶다는 마음이 생긴다. 이런 아이가 나를 채찍질하며 쓰게 한다. 쓰는 사람으로 살게 한다. 부지런히 써야겠다는 마음을 먹게 한다. 책을 내밀면서 "다 네 덕분이야."라고 얼른 말해주고 싶어서다.

언제부터인지 정확히 기억은 안 나지만, 편지나 아이들 첨삭 글에도 항상 스마일 그림을 그려준다. 2008년부터 쓰기 시작한 1호 수첩 표지에도 스마일 그림이 있는 걸 보면 그 전부터 좋아했던 모양이다. 하루는 5학년 oo이가 무심히 내 수첩에 스마일 그림을 그려준다. "힘내세요!"라는 말과 함께. 이런 잔잔한 위로가 나를 쓰게 하고, 나아가게 한다.

어떤 날은 숙제를 안 해온 6학년 여학생 두 명이 우리 집 현관에서부터 내게 웃으며 큰절을 해댄다. 웃으며 "뭐 하는 거야?"라고 말하니, "사실은 저희가 숙제를 못 했어요. 이실직고합니다." 하며 너스레를 떤다. 수업하기 전, 이미 우리는 유쾌한 분위기를 만든다. 밝은 얼굴로 나를 찾아와주고, 긍정의 기운을 듬뿍 주고 가는 아이들을 보면 쓰지 않을 수 없다.

외동으로 자란 oo이는 초등학교에 들어갈 때, 어머니가 글을 다 떼서 보내지 않았다고 한다. 학교에 가면 당연히 글쓰기를 배운다고 생각하셨던 모양이다. 한동안 학교에 다니면서 국어에 대한 스트레스가 컸다고 한다. 요즘 아이들은 이미 입학 전에 글자를 다 떼는 게 보통인데, 그러질 못했으니 얼마나 힘들었을까. 처음 나한테 왔을 때가 3학년이었다. 그때는 소리 내어 읽기도 허술했고, 쓰기에도 당연히 구멍이 뚫려있었다. 그러던 아이가 지금은 중1이 되었고, 이제는 학교에서 다른 아이가 선뜻 쓰지 못하는 글도 이렇게 저렇게 쓰라는 조언도 해주는 실력이 되었다. 부모님은 아이가 쓴 글을 보면서 "이제 우리 oo이 사람 된 거 같다."며 좋아하셨다고 한다. 어머님도, 아이도 나를 많이 믿어주고 신뢰한다. 무엇보다 인내심이 있고 본인 스스로 잘 해보려는 의지가 강한 아이다. 가르쳐주면 스펀지처럼 잘 흡수한다. 이런 아이의 변화되는 모습을 보면 어떻게든 더 좋은 쪽으로 변화를 시켜야겠다는 도전의식이 생겨난다.

이리 치이고 저리 치이며 뭔가 일에 휩쓸려 간다고 생각할 즈음, 한 아이한테 초콜릿 선물을 받았다.

"선생님, 제가요 초콜릿 여러 종류 많이 먹어봤는데, 이게 맛있어요. 저 혼자 마트에 가서 샀어요."

다 그런 건 아니지만, 중학생보다는 초등학생의 마음이 아직 더 말랑말랑한 듯하다. 나와 같이 수업하는 친구에게 줄 초콜릿 고르는 모습이 그려져 미소가 지어졌다.

"저, 용돈 털었어요." 하며 호탕하게 웃던 너무 이쁜 oo이. 마음을 건드리고 가는 이런 일이 아이들과 함께하다 보면 수시로 일어난다. 얼른 이야기를 주워 담고 싶다. 일하면서 힘듦을 덜어주고 내 마음을 보듬어 주는 깨알 같은 활력소가 된다. 펜을 놓지 않고 쓰게 만든다.

프리랜서 독서 논술 교사가 되었을 무렵, 첫해에 만난 친구가 아직 기억에 선하다. 초등학교 1학년 겨울 방학 때 처음 만났는데, 지금은 고등학생이다. 얼굴이 잘생겨 내가 꽃미남이라고 불렀다. 방문 수업을 한 아이였는데, 초등학교 2~3학년 때 어느 날 비타오백을 찻잔에 담아 받침까지 해서 마시라고 갖다주었다. 부모님이 맞벌이하셔서 할머님이 아이들을 돌봐주셨다. 할머님은 시키지도 않았는데, 저렇게 한다고 말씀하셨다. 어찌 이런 생각을 했을까. 그 조그맣던 아이가 스스로 그런 마음을 냈다는 게 신기하고 기특

했다.

　여동생도 내게 수업을 받았다. 두 아이가 오랫동안 받던 수업을 그만둘 때, 어머님께서 보여주신 마음을 내내 잊지 못한다. 어머님은 내가 소녀 같은 선생님이라면서 꽃집에 소녀 같은 꽃다발을 만들어 달라고 주문하셨다고 한다. 수업 마지막 날 내게 꽃다발을 안겨주셨고, 어머님과 내 눈에는 눈물이 그렁그렁 맺혔다. 이런 잔잔한 감동이 독서지도사로 살게 한다. 기억이 훅 날아갈까 싶어 블로그에, 때론 다이어리에 놓칠세라 다 기록해 놓는다. 꽃미남인 그 아이가 2018년 4월 23일, 수업을 받으면서 내게 건넸던 책갈피도 아직 가지고 있다. 'oo 드림'이라고 쓰인 책갈피. 요즘도 종종 사용한다. 내게 보내준 그 마음을 알기에 함부로 버릴 수가 없다.

　수업을 마치고 갈 때 "선생님, 사랑합니다."를 몇 주 동안 외치고 가는 아이도 있다. 장난이 좀 섞여 있지만, 가족도 쉽게 안 해주는 사랑한다는 말을 서슴없이 해주는 아이가 사랑스럽지 않을 이유가 없다.

　한번은 어느 더운 여름날, 앞쪽에 주머니가 달린 살구색 원피스를 입었을 때, "선생님, 오늘 캥거루 같아요."라고 말하는 아이가 있었다. 종일 숨 가쁘게 바빴던 하루였는데, 아이의 말에 빵 터지면서 피로가 싹 가셨다. 어쩐지 나도 그 옷이 마음에 들지는 않았었다. 그 이후 신기하게도 그 옷에 정이 덜 가고, 입을 때마다 OO이가 캥거루 같다고 한 말을 떠올리며 웃음 짓는다. 이런 아이들이 저마다 "선생님, 내 이야기 쓰세요." 하고 글감을 던져주는 듯하다.

한 4학년 남자아이는 나이에 비해 몸무게가 좀 나가는 덩치 좋은 아이였는데, 하루는 얼굴을 살찌우는 방법을 전수해 주겠다고 했다. 자기가 한때 얼굴 살이 빠진 적이 있었는데, 라면을 먹으면 금방 오동통하게 얼굴 살이 오른다며 나보고도 해보라고 했다. 아이의 눈에는 내가 좀 말라 보였었나 보다. 이런 아이의 말이 얼마나 귀여운지 모른다. 재잘대는 아이의 말을 듣고 있으면 시간 가는 줄도 몰라서 그만 떠들고 다시 수업하자는 말을 한다.

신학기에는 수업하는 아이들에게 수첩을 선물하기도 한다. 메모의 좋은 점을 이야기만 하다가 메모가 체질인 아이들로 만들고 싶었다. 한 아이라도 메모가 체질인 아이가 있으면 괜찮다고 생각했는데, 메모 덕후가 나타났다. 내가 쓰는 수첩을 보여주면서 수시로 수첩 쓰는 요령도 말해준다. 내 말을 듣고 흘리는 아이도 많지만, 이 아이는 열심히 메모를 한다. "내가 너희 나이 때부터 메모를 했으면, 선생님이 지금 뭐가 되어도 됐을 거야. 위인들 치고 메모광 아닌 사람이 없지 않냐."면서 너스레를 떤다. 한 아이가 나를 닮아간다. 작년 봄부터 쓴 메모 수첩이 10호로 늘어났단다. 해마다 이런 아이 하나씩만 발굴해도 큰 성과겠다.

   메모 수첩 상자는 아이들과 수업하는 공간에 보관 중이다. 아이들에게 메모를 하게끔 자극을 준다. 다 쓴 수첩이 한 박스나 있으니, 아이들은 "선생님, 대단해요." 하며 치켜세우기도 한다. 때로는 "이 안에 뭐 적혀있어요?" 관심을 보이기도 한다. 시선이 머무는 곳에 있어야 더 부지런히 메모해야겠다는 의지를 다지기 쉽다. 한번은 6학년 여자아이가 물었다. "선생님, 혹시 불나면 저 수첩 다 어떻게 할 거예요?" 한 번도 생각해보지 않았는데, 진짜 어떻게 해야 하나 싶었다. 2008년부터 메모하며 살아온 내 역사가 고스란히 다 담겨있으니까. 수첩 보관함을 들어보니 무겁다. 불이 나면 빨리 피하기도 바쁜데, 저걸 어떻게 들고 나가나 걱정도 되었다. 물론 불이 나는 그런 무시무시한 상황은 절대 일어나면 안 되겠지만, 작은 캐리어에 넣어서 보관할까? 하는 생각도 했다. 아는 작가 님은 바퀴가 달린 정리함을 사서 거기에 넣어두라고 했다. 혹시 더 좋은 방법이 있으면 내게 귀띔해 주시길 바란다.

   "아이들은 컬러링 북이 아닐세. 자네가 좋아하는 색깔을 칠할 수는 없는 거네."

할레드 호세이니의 장편소설 《연을 쫓는 아이》에 나오는 문장이다. 아이들을 내가 좋아하는 색깔로 가르칠 게 아니라, 스스로 좋아하는 색깔을 찾도록 만들어 주고 싶다. 그 과정에서 나 또한 좋아하는 색깔을 찾고 모으며 함께 성장하리라 믿는다. 아이들과 함께하는 한 글쓰기 샘물도 저절로 채워질 듯하다. 이 시간은 나를 살아있게 하는 시간임이 분명하기에, 때때로 버거운 일이지만 계속하는 이유다.

### 오늘의 한 줄 요약

**잔잔한 일상 속에 글감이 숨어 있다. 오늘 나눈 대화를 떠올려볼까?**

# 나만의 강력한 무기를 갖는다는 것

**잘하는 게 뭘까.** 노래? 음치는 아니지만 잘 못한다. 그림도 간단한 거 겨우 따라 그릴 수 있는 정도다. 걷기는 좋아하지만 운동신경도 영 둔하다. 말하기도, 수다는 즐기지만 많은 사람 앞에선 꿀 먹은 벙어리가 곧잘 되니 탈락이다. 요리도 한때는 관심이 있어 자격증도 땄지만, 요즘 들어 자주 부엌일이 귀찮아져서 이것도 패스. 차분한 성격에 비해 뜨개질도 못 하고, 악기도 못 다루고, 그렇다고 경제에 눈이 밝지도, 패션 감각이 뛰어나지도 않다. 내가 잘하지 못하는 게 이렇게 많았나 싶다. 나한테도 뭔가는 있겠지. 바로 나는 엉덩이가 무겁다는 것이다. 내가 관심 있는 일을 하고 있을 때는 몰입도가 최상이다. 몇 시간을 죽치고 앉아 끼니때가 지나도 모르고 열중한다. 서너 시간은 너끈히 꼼짝도 안 하고 앉아 있다. 글을 쓸 때는.

"네 무기는 펜이야."

17년째 책 모임을 함께하는 지인이 내게 말했다. 우리가 가지고 있는 무기는 드러나 있기도 하고, 아직 보이지 않지만 단단하게 숨겨져 있을 수도 있다. 그때부터 내 인생의 무기는 '펜'이라고 생각하며 살았다. 살아오면서 말하기보다 글쓰기가 더 편했다. 쓰지 않으면 안 될 것 같은 날들이 많았다. 삶의 돌파구가 필요할 때마다 글을 썼고, 글쓰기는 내 인생을 보듬는 일이었다. 은유 작가님의 《쓰기의 말들》에도 이런 문장이 나온다.

"릴케의 표현을 빌리자면 '글을 쓰지 않으면 내가 소멸 될 게 분명했다.' 생존의 글쓰기. 글이 나를 쥐었다. 발밑이 흔들릴 때 본능적으로 두 팔을 벌려 수평을 유지하듯이, 불안의 엄습이 몸을 구부려 쓰게 했다. 글쓰기는 내가 지은 긴급 대피소. 그곳에 잠시 몸을 들이고 힘을 모으고 일어난다."

내게도 글쓰기는 이런 존재였다. 지금도 하루 24시간 중 뭔가 쓰고 있는 시간이 많다. 무기가 펜이어도 아직은 그 무기로 실력 발휘를 못 하는 중이다. 날마다 무디어진 무기를 조금씩 갈고 있으니, 그 시간이 쌓이고 쌓이면 어느 순간 능숙하게 그 무기를 쓸 수 있는 날이 올 거라고 믿는다.

커 오면서 내가 갖지 못한 것에서 갈망과 부러움을 많이 느꼈다. 고등학교 때까지는 집에 피아노가 있고, 피아노를 칠 수 있는 친구가 부러웠다. 여고 때 점심시간에 음악실을 지나면 피아노를 치는 아이들을 문밖에서 부러운 눈길로 쳐다보기도 했다. 그때 아이들이 쳤던 곡이 〈엘리제를 위하여〉와 〈아드린느를 위한 발라드〉였다. 이 곡을 들으면 지금도 음악실 문밖에서 숨어 피아노 치는 아이들을 훔쳐보던 여고생인 내가 떠오른다. 언젠가는 피아노를 배워보고 싶다. 건반 까막눈인 내가 이 나이에 피아노를 시작해 치고 싶은 노래 한 곡을 제대로 칠 수 있을지는 모르겠지만, 도전은 해보는 걸로.

대학에 다닐 때는 쉬지 않고 아르바이트를 해서 학비나 용돈을 벌지 않아도 되는 친구가 부러움의 대상이었다. 결혼 전에는 집에서 혼수를 마련해 주는 친구가 좋아 보였다. 취업운이 없었는지, 20대 때는 다니는 회사마다 문제가 많아 한 직장에 오래 머무를 수 없었다. 새로운 직장을 구하느라 쉬게 되면, 객지 생활을 하는 내게는 경제적으로 타격이 컸다. 그렇다고 집에서 지원받을 형편도 아니었다. 대학생이던 남동생과 함께 살 때도 있었다. 박봉인 월급으로 방세, 생활비에, 동생 용돈까지 챙겼다. '저축'을 제대로 할 수 없었다.

결혼 이후는 성실한 남편 덕에 풍족하지는 않았지만, 경제적 어려움은 덜했다. 지극히 평범한 소시민으로 잘살아갔는데, 서서히 또 다른 사람의 삶과 내 삶을 비교하게 되었다. 작은 아이가 6살일 때부터 본격적으로 일을 하기 시작했다. 남편이 위암 진단을 받은 후 1년간, 그리고 코로나 유행으로 한 달 정도 쉴 때 말고는 계속 워킹맘으로 사는 중이다.

항상 맞벌이 주부로 바쁜 삶이었고, 또 학구열이 있어서 일만 하지 않고 공부를 병행했다. 지역아동센터에서 독서 지도 교사로 근무할 때는 오후 출근이라, 오전에는 강의를 들으러 다녔다. 자격증을 발급하지 않는 기관은 새로운 것을 배우는 것으로도 족했다. 출근 시간이 오후 1시라, 오전 강좌를 마치면 점심도 못 먹고 센터로 달려갔다. 조금 시간이 남으면 빵이나 김밥으로 간단하게 끼니를 때웠다.

내가 좋아서 한 일이지만, 녹다운이 될 때는 내가 왜 이렇게 사나 싶은 순간이 있기도 했다. 그때 슬그머니 맞벌이하지 않고 편하게 사는 사람이 부럽다는 생각이 고개를 내밀었다. 그 생각에 오래 머물지는 않았다. '내가 이러면 안 되지. 부러워한다고 내가 그 사람이 될 수도 없고, 내 삶이 달라지는 것도 아니잖아.' 그래서 다짐을 했다. 남의 밥그릇을 부러워할 게 아니라, 내 밥그릇 채우는 데 더 노력하자고.

꽃나무도 다 자기에게 맞는 꽃을 피우듯이, 사람도 각자가 피울 꽃이 다를 것이다. 내가 피울 수 있는 꽃은 뭐가 있을까 생각했다. 남의 밥그릇을 탐내기보다는 내 밥그릇을 채우는 데 성의를 보이는 게 먼저였다.

작가 박웅현은 《여덟 단어》에서 이렇게 말했다.

"나만 가질 수 있는 무기 하나쯤 마련해 놓는 것, 거기서 인생의 승부가 갈리는 겁니다.
Be Yourself, 너 자신이 되어라. 듬성듬성할지언정 내가 선 자리에서 답을 찾아야 합니다."

남의 인생과 자꾸 비교할 것이 아니라, 내 인생에서 답을 찾고자 했다. 잘할 수 있는 것이 무엇인지 찾아보자. 없으면 마련해 놓자. 내가 잘할 수 있는 게 뭔지 따져 보니 책 읽고, 글 쓰는 일이었다. 배움에 대한 욕구도 강하고, 열정과 성실함이 있다. '그래, 이걸로 밀고 나가는 거다' 싶어 그때부터 더 신나게 배우러 다녔다.

지치기보다는 '나 진짜 열심히 잘살고 있어.' 스스로 자부심도 느끼며 살았다. 다양한 기관에서 강좌를 듣고 수료를 할 때마다, 자격증을 하나씩 딸 때마다 내 그릇이 단단히 채워지는 것 같았다.

남과 비교하지 않고 내가 잘하는 것, 끝까지 놓지 않고 잘할 수 있는 것이 있다면 삶을 살아가는 든든한 무기가 된다. 내 안을 잘 들여다보면 누구든지 하나쯤 그런 무기를 갖고 있다고 생각한다. 내가 어떤 무기를 갖고 있는지 잘 들여다보자. 혹 눈 씻고 찾아봐도 그런 게 없다면 무기 하나 마련해 놓자. 인생의 든든한 지원군이 될 것이다.

지금은 아이들과 독서 논술 수업을 하며, 평생 글 쓰는 사람으로 남길 바라는 꿈을 꾼다. 여전히 내 그릇을 채우는 중이다. 내 삶과 다른 사람의 삶이 자꾸 비교되거든, 눈 딱 감고 내가 좋아하는 일, 내가 잘하는 일을 찾아 시작해 보자. 거기에 매진하는 거다. 그러다 보면 흔들리지 않는 삶을 살게 된다. 나를 부러워하는 사람 하나쯤 반드시 생겨날 테니까.

### 오늘의 한 줄 요약

**나만의 강력한 무기를 찾아보자. 없으면 마련해 놓자.
남과 비교하지 않고 내가 잘하는 것, 끝까지 놓지 않고 잘할 수 있는 것은 뭘까?**

## 쓴다는 건 다시 시작한다는 것이다

"도망친다고 문제가 없어지지는 않잖아. 문제를 덮어 놓는다고 없어질 것도 아니고, 세상의 모든 문제에는 태생적으로 도돌이표가 달려있어서 해결하지 않으면 언젠가는 어떤 식으로든 다시 되돌아오게 되어 있어."

**박하령이 쓴** 청소년 소설《기필코 서바이벌》에서 만난 문장이다. 우리는 살아가면서 자잘한 실수와 문제에 맞닥뜨린다. 가끔 글을 쓰면서 과거의 나를 불러온다. 실수투성이 모습도, 부끄럼 가득했던 내 모습도 다 나다. 앞으로 나아갈 내 모습은 내가 글을 쓰면서 만들어간다. 쓰다 보면 순간순간 놓친 걸 발견한다. 털썩 주저앉고 싶은 순간에도 글을 쓰며 나를 다독이고, 또다시 시작하게 한다. 이것저것 쓰는 노트가 많다. 이 챕터에서는 내가 쓰는 노트 중 '실수 노트'를 소개할까 한다.

 아직은 아홉 개의 실수만 기록했다. 실수를 할 때마다 수첩에 기록한다. '내가 이렇게 했기 때문에 실수를 했구나. 다음에는 조심해서 이렇게 하지 말아야지!'라는 깨달음을 얻는다. 실수도 좋은 경험이 됨을, 쓸모없는 경험은 없다는 걸 자연스레 터득해 나간다.

 실수 노트에 적어놓은 실수 중 한 가지는 요즘 핫하다는 두유 제조기 사건이다. 한 번은 검은콩을 넣고 두유 버튼을 눌렀다. 30분쯤 지나 두유가 다 되었다는 알림음이 울렸다. 따끈한 두유를 마실 생각에 기분 좋게 뚜껑을 열었더니 아뿔싸! 물을 넣지 않고 돌린 것이다. 돌아가는 소리가 방에서 들렸지만, 1도 의심하지 않았다. 물을 넣지 않았다는 것을. 콩은 갈아진 상태로 엉켜있었고, 바닥은 새카맣게 탔다. 그날 실수 노트에 "익숙함을 조심하라!"고 썼다. 늘 해오던 거라서 손에 익은 대로 물 넣는 걸 깜빡하고 두유 시작 버튼을 눌렀던 탓이다. "익숙하다고 자만하지 말 것, 실수를 하며 배움을 얻는다."고 썼다.

 2월 어느 날에는 집 근처에 사는 남동생 아파트에 갔다. 올케가 몸이 아파 통 잘 안 먹는다고 해서 평소 잘 먹었다는 샌드위치를 사 들고 갔다. 올케가 아픈데 시누이가 방문하면 힘들어할까 봐 남동생 집에는 잘 올라가지 않았다. 1층에 내려온 남동생에게 샌드

위치를 전달했다. 남동생의 손에는 김과 물티슈가 들려있었다. 맛있는 김이라며 먹어보라고 했고, 물티슈는 올케가 써 보라며 주더라고 했다. 웬 물티슈인가 싶었지만, 고맙다고 받아왔다. 이틀 동안 식탁도 닦고, 책상도 닦았다. '근데 왜 자꾸 향이 나지?' 향 나는 물티슈인가 싶어 자세히 들여다보니 물티슈가 아니라 클렌징티슈였다. 어쩐지 향이 나더라니. 바쁜 일에 휩싸여 정신없는 나날을 보내던 중이었지만, 웃음이 났다. 평소 나름 꼼꼼한 사람이라 여겼더니, 허당인 모양이었다.

뭐라도 받으면 그게 무엇인지 정확히 알고 써야 하는데, 제대로 확인하지 않았다. 요즘은 화장을 지울 때 클렌징오일을 주로 쓰다 보니, 클렌징 티슈라고는 미처 생각하지 못했다. 물티슈 크기라서 당연히 물티슈라고 여겼다. 이날은 "당연함을 당연한 것으로 받아들이지 말자."라고 기록했다. 이 세상 어디에도 당연한 건 없다고 생각한다. 다행히 올케가 샌드위치를 아주 맛나게 먹더라며 동생이 톡을 보내왔다.

또 한 번은 오은 시인님의 북토크를 다녀와서 블로그에 후기 글을 남긴 날이다. 블로그 이웃이신 oo님이 댓글을 남겼다. 서로 이웃이 된 지 얼마 되지 않은 때였다. "날짜에 이름 붙이기가 끌립니다. 오늘은 블로그 이웃 수 1,000명 된 날이라고 적고 싶습니다.

언젠가." 그런데 문장 끄트머리에 있는 '언젠가'를 제대로 읽지 않은 거다. "우와, 축하드려요. 블로그 이웃 1,000명 된 날 귀한 기록으로 남겠어요."라고 답글을 달았다. 그랬더니 "저는 이제 300명입니다. 미래의 날짜에 이름을 붙이고 싶습니다."라는 답글이 달렸다. 그날은 "사소한 것에도 정성을 다하자!"라는 영화 〈역린〉의 대사가 생각이 났다.

'중용 23장'(중국 고대 유교 경전인 〈예기〉 중에 한 편인 중용)

"작은 일도 무시하지 않고 최선을 다해야 한다. 작은 일에도 최선을 다하면 정성스럽게 된다. 정성스럽게 되면 겉에 배어 나오고, 겉에 배어 나오면 겉으로 드러나고, 겉으로 드러나면 이내 밝아지고, 밝아지면 남을 감동시키고, 남을 감동시키면 이내 변하게 되고, 변하면 생육된다. 그러니 오직 세상에서 지극히 정성을 다하는 사람만이 나의 세상을 변하게 할 수 있는 것이다."

그날은 "지레짐작으로 대충 보고 넘어가지 말 것, 댓글 하나라도 신중히 보고 꼼꼼하게 읽을 것"이라고 썼다. 밤이 되면 유독 눈이 침침해지는데, 나는 눈도 흐려지고, 급하게 보느라 그만 제대로 보지 못했다며 사과를 했다. 죄송하다고.

최근 실수로는 올해 3월 찜기 사건이다. 고구마, 당근, 강낭콩을 넣고 30분 타이머를 돌렸다. 째깍째깍 잘도 돌아갔다. 옆에서는 백태와 귀리를 섞은 두유 제조기가 돌아갔다. 두유 제조기가 먼저 "삐!" 하고 다됐다는 신호음을 보내왔다. 유리잔에 따끈한 두유를 따랐다. 식을 동안 한창 맛나게 익어갈 아이들을 기다리면 되겠구나 싶었다. 몇 분 후면 꽃샘추위가 몰려온 이 봄에 내 몸을 녹여줄 아이들과 함께 아침을 시작하자고 생각했다. 적당히 따뜻하고 구수한 두유와 말랑하고 달콤한 영양 가득한 찐 고구마, 찐 당근의 조합이라니. 찐 강낭콩은 씹는 맛으로 몇 개 주워 먹으면 근사한 아침이 된다.

찜기도 다 됐다고 꺼내 달라는 외침이 들렸다. 뚜껑을 열기 전 뭔가 이상했다. 따뜻해야 할 찜기 몸체가 차가운 게 아닌가. 아니나 다를까, 뚜껑을 열자마자 고구마와 당근이 목욕 재개한 말간 모습 그대로다. 혹시나 싶어 포크로 옆구리를 푹 찍어봤지만 들어가지 않았다. 포크에게 틈을 주지 않는 것을 보면 역시나 찐으로 생이구나 싶었다. 이게 웬일인가. 코드가 꽂혀 있지 않았다. 분명 코드를 꽂은 것 같았는데, 타이머 돌아가는 소리가 계속 났었는데.

알고 보니 이 찜기는 코드를 꽂지 않아도 타이머를 돌리면 소리가 나도록 설정된 아이였다. "겉모습에 속지 말자." 아니 그것보다 "돌다리도 두들겨 보고 건너라."라는 속담이 이 상황에 더 어울릴까 싶었다.

"눈으로 똑똑히 확인하기 전에는 그 어떤 것도 무조건 믿기가 힘들겠구나. 기계를 믿지 말고, 나를 믿었어야 했다."고 썼다. 두유는 식어가고 있는데, 30분 타이머 버튼을 다시 눌렀다. 두유와 찐 고구마 꿀조합을 포기 못 하니 두유가 좀 식어가더라도 30분을 더 기다렸다. 글쓰기는 이처럼 삶을 쓰는 것이다. 실수는 누구나 하고, 그 실수를 통해서 우리는 깨달음을 얻고 나아가는 사람이 된다. 나처럼 종종 실수를 하는 사람이라면 '실수 노트' 하나쯤 마련하고 부지런히 실수를 모아나가면 어떨까?

괴테는 "인간의 실수야말로 인간을 진정으로 사랑스럽게 만든다."는 말을 남겼다.

실수를 안 하고 사는 완벽한 인간이 어디 있을까. 괴테도 인간의 실수야말로 인간을 사랑스럽게 만든다는 말을 했으니, 실수를 내적으로 나를 키우는 씨앗으로 받아들이고 싶다. 그 씨앗이 나를 더 나은 사람으로 만들어 주는 밑거름이 된다면 얼마든지 두 팔 벌려 환영한다.

쓴다는 건 이렇듯 실수 혹은 무지를 깨닫고 다시 나아가게 해주는 일이다. 또한 쓰면서 모자람을 알고 그 빈틈을 메우기 위해 노력해 가는 일이다. 주저앉고 싶을 때도 나아갈 방향을 모색해 더 나은 길로 이끌어 주기도 한다. 쓴다는 것은 어떤 경우에도 다시 시작하게 만드는 강력한 힘이 있다. 그 힘을 믿고 쓰는 사람으로 살아가자.

### 오늘의 한 줄 요약

글쓰기는 삶을 쓰는 것이다.
기억나는 실수를 써 보고, 그 실수에서 얻은 깨달음도 써 보자.
'실수 노트'를 마련해 부지런히 실수를 모아 나가자.

Chapter 02

# 일상의 모든 기록은 쓸모가 있다

# 메모가 체질

　　〈멜로가 체질〉이라는 드라마가 있다. 제대로 본 적은 없지만, '제목이 참 웃기네.'라고 생각했던 기억이 난다. 그러면서 '난 뭐가 체질일까? 내게 꼭 맞는 것, 아무리 해도 지겹지 않은 것, 오랜 시간 동안 꾸준히 이어오고 있는 게 뭘까?' 곰곰이 생각해봤다. 그건 바로 '메모'였다. 나는 항상 수첩을 끼고 산다.

　누군가가 추천해 준 책 제목을 메모하고, 때때로 드는 내 생각도 쓰고, 처리해야 할 일과 꼭 기억하고 싶은 순간도 기록한다. 블로그나 유튜브, 인스타를 보다가도 괜찮은 정보가 보이면 바로 메모해 둔다. 주변인과 지켜야 할 약속도, 꿈과 목표도 수시로 쓴다. 소소한 수다 중에 흘러가는 이야기에도 귀를 쫑긋 세우며 메모를 하고, 이런저런 잡다한 거리도 다 기록 대상이다. 지인들은 이런 나를 늘 신기해하며 묻는다.

"넌 또 뭘 그렇게 쓰고 있니?"

"적어놔야 안 잊어버리죠."

사실 그렇다. 당시에는 생생하게 기억날 것 같은 말도 시간이 지나면, 그때 누가 무슨 말을 했는지 도무지 기억 안 날 때가 있다. 모임 중에 나온 뇌 질환에 좋은 흑마늘 만드는 방법이라든가, 아이디어 상품을 모아 놓은 앱 이름 등도 바로 수첩에 저장한다. 당장은 쓸모없어 보여도, 경험상 필요한 순간이 온다는 것을 안다.

메모 수첩은 내가 가장 아끼는 물건이다. 2008년 12월부터 시작한 메모가 벌써 17년째다. 수첩을 한 권 다 쓰고 나면 쓴 기간과 번호를 붙여둔다. 수첩을 쓰기 전에도 메모를 좋아했으나, 막상 필요해서 그 메모를 찾으려면 어디에 적어뒀는지 몰라 헤매기 일쑤였다. 지금은 어지간한 건 수첩만 찾으면 해결이 된다.

오늘 할 일을 매일 메모한다. 할 일이 생각나면 그때그때 추가하고, 완료한 일에는 파란색 줄을 긋는다. 하루를 마감할 때 줄 친 게 많으면, '내가 시간에 지배되지 않고 알차게 잘 살았구나.'라는 생각에 흐뭇하다. 요즘은 스마트폰 메모장에 메모하는 사람도 흔하다. 어쩌다 깜빡하고 수첩을 휴대하지 않았을 때나, 수첩을 꺼내기 힘든 상황에서는 내게 카톡을 보내 놓기도 한다. 나는 아날로그 감성이 맞는지, 종이에 쓴 메모가 더 좋다. 종이에 꼭꼭 눌러쓰면 내용이 더 오래 기억된다. 내가 생각하는 메모의 좋은 점은 다음과 같다.

**첫째**, 메모를 하면 생각이 정리된다.
**둘째**, 내 삶을 관리할 수 있다.
**셋째**, 메모로 인해 가끔 생각지도 않은 기회를 얻게 되기도 한다.
**넷째**, 인맥 관리에 도움이 된다.
**다섯째**, 꿈과 목표를 분명하게 해 준다.
**여섯째**, 나에 대해서 더 잘 알아갈 수 있다.
**일곱째**, 글쓰기의 실마리를 제공해 준다. (글감 부자가 된다.)
**여덟째**, 어떤 일에 대해서 사유하는 시간을 가질 수 있다.
**아홉째**, 지나간 나만의 역사를 기억할 수 있다.
**열째**, 삶을 더 풍요롭게 만든다.

농부가 한 해 농사지은 농작물을 수확하고 뿌듯해하듯이, 모아둔 수첩을 보면 열심히 기록하고 산 시간이 보람되고 기특하다. 뭔가 정리가 필요하거나, 마음을 다잡고 싶을 때 꺼내 보면, 확고 한 결심을 하게 만드는 묘한 아이들이다. 다 쓴 수첩에 라벨을 붙이는 날이면, 플라스틱 투명 보관함에 모아두었던 수첩을 꺼내서 본다. 가끔 시간이 여유롭거나 바람이 불어오고 햇살이 쏟아지는 날이면, 일 년에 한 번쯤 베란다에 수첩을 늘어놓는다. 보관함에서 숨죽이고 있을 것을 생각하면 콧바람이라도 쐬어 주고 싶은 마음이다.

한번은 쉬는 날에 번호를 달지 않은 수첩 몇 권에 쓴 기간과 번호를 달아주고 베란다에서 햇볕과 바람을 쐬어 주었다. 딸이 뭐하냐고 묻길래, 나는 조선왕조실록을 포쇄하는 것처럼 수첩을 포쇄 중이라고 했다. 여기서 포쇄란 책이나 옷 등의 습기를 햇볕과 바람에 말리는 건조 행위를 뜻한다. 내심 뿌듯해하며 딸에게 "잘 봐둬. 이거 신기한 광경 아니니?"라고 말했다. 쉬는 날이라 무장 해제한 편한 차림으로 베란다 창을 열어놓고 수첩을 한 장 한 장 넘기며 바람을 쐬어 주고 있는 내가 웃겼는지, 딸은 뒤에서 사진을 마구 찍어댔다. 그렇게 거사(?)를 치르고 나서 수첩을 다시 정성스레 보관함에 담았다.

자꾸 쓰다 보면 쓸거리가 많아진다. 문득 떠오르는 아이디어를 메모하면 생각보다 건져 올릴 게 많다는 걸 다시 깨닫게 된다. 예전에는 수첩을 모아두고 한 번씩 다시 훑어보기만 했지만, 앞으로는 테마별로 나눠 정리하려고 한다. 그런 작업을 통해서 내가 한 메모가 생명력을 얻어 다양한 기록으로 탄생할 테고, 내 인생에 탄탄한 쓰임으로 작용할 것이라 믿는다. 만년필로 유명한 몽블랑의 전 CEO 니콜라 바레츠키는 이런 말을 했다.

"되도록 많은 것을 적어놓는 습관이 있어요. 적어놓으면 기억하게 되고, 기억해 내면 거기에 반응하게 되죠. 쓰지 않아서 놓치는 것을 생각하면 종종 아득합니다. 하루를 그냥 흘려보내며 사는 것과 하루를 붙잡고 기록하면서 사는 삶은 분명 달라요."

그는 적어놓고 기억하는 삶이 시간에 지지 않는 비법이라 말한다. 글쓰기는 사람의 발자취를 담는 거라고. 이것도 신문을 읽고 수첩에 메모해 둔 내용이다. 글쓰기가 어렵거나 아직 메모를 안 하고 있다면, 문구점에 가서 마음에 드는 예쁜 수첩부터 하나 사자. 뭐든 적어보는 거다. 하루를 시작하기 전에 오늘 할 일을 써도 되고, 자기 전에 오늘 한 일을 적어보는 것도 적극 추천한다. 하루 동안 내가 무엇을 하며 지냈는지, 무심코 흘려보낸 시간은 없는지 적다 보면 다음 날은 더 알차게 보낼 수 있다. 스쳐 지나가는 생각을 붙잡아도 좋다. 어떤 현상에 반응해서 순간적으로 떠오르는 감정은 붙잡아 두지 않으면 금방 사라지니까. 적자! 생존! 적는 자만이 살아남는다.

사람마다 성향에 따라 메모하는 방법은 다르겠지만, 나만의 깨알 메모 Tip을 알려주고 싶어 소개한다. 첫째, 수첩은 처음부터 두꺼운 것을 사지 말고, 얇은 것으로 준비한다. 메모가 습관이 되기 전에 두꺼운 수첩을 사면 이걸 언제 다 쓰나 하는 부담도 생긴다. 또 가지고 다니려면 두꺼운 것보다 얇은 게 낫다. 내가 요즘 쓰고 있는 수첩은 보통 127p 정도 된다. 둘째, 수첩 상단 양쪽에 페이지 수를 적는다. 그래야 나중에 수첩이 여러 개가 됐을 때도 지나간 정보를 찾기가 쉽다. 예를 들어, 새로운 공간에 글을 쓸 때, 도움이 될 만한 메모는 '5호 수첩 60p 참조' 이렇게 적어두고 활용하기도 한다. 셋째, 가급적 휴대폰과 수첩을 같이 두면 그때그때 메모하기가 더 수월하다. 잠잘 때도 머리맡에 수첩을 펜과 함께 둔다. 언제 좋은 아이디어가 떠오를지 모르니까. 넷째, 메모는 글을 쓰는 것이지만, 글뿐만 아니라 신문이나 동네 소식지에서 스크랩한 작은 정보나 좋아하는 인물 사진을 붙여놓기도 한다. 아이들이 초등학교에 다닐 땐 아이가 준 응원 쪽지도 붙여놓았다. 다섯째, 수첩이 여러 개 모이면 수첩을 보관하는 예쁜 상자를 마련한다. 수첩을 아무데나 두면 어디에 뒀나 생각이 안 나서 헤매기도 하기 때문이다.

모아둔 수첩을 보는 것만으로도 흐뭇하고, 하나둘 쌓이다 보면 큰 재산이 된다. 메모를 더 열심히 해야겠다는 의욕이 마구 샘솟기도 한다. 여섯째, 자랑은 하는 게 아니라지만, 가끔 내가 메모를 이렇게 부지런히 하고 있다고 주변에 표를 내본다. SNS를 하는 사람이라면 SNS에 공개해도 좋겠다. 지치지 않고 메모를 더 꾸준히 하겠다는 나만의 작은 각오를 다지는 계기가 된다.

**메모 수첩 모음**

적다 보면, 메모가 습관이 되고, 메모 수첩이 쌓이다 보면, 이 좋은 걸 왜 진작 하지 않았나 하는 순간이 올 것이다. 나 또한 10대 시절부터 지금처럼 메모를 생활화했으면 얼마나 좋았을까 싶다. 메모를 하지 않고 지냈던 시간이 너무 아깝다. 나는 메모의 쓸모, 기록의 쓸모라는 말이 참 옳다는 생각을 한다. 수첩이 한 권씩 늘어갈수록 내 삶이 조금씩 더 단단해지고, 풍성해지고 있음을 느끼기 때문이다. 메모 습관은 우리의 삶을 변화시킬 수 있는 위대한 습관이라고 생각한다. 그러니 속는 셈 치고 당장 수첩부터 하나 사러 나가자.

### 오늘의 한 줄 요약

시간에 지지 않는 비법은 '적어놓고 기억하는 삶'이다.
당장 메모 수첩부터 하나 마련하자.

02

# 베껴쓰기의 쓸모

　　**작년 12월,** 윤동주 시인의 전 시집 필사 북을 예약했는데, 올해 1월 중순쯤 책이 왔다. 프롤로그에는, 2025년은 광복 80주년이자 윤동주 시인이 후쿠오카 형무소에서 생체 실험을 당하여 서거한 지 80주년이 되는 해라고 적혀있다. 이에 윤동주 시인이 다녔던 일본의 도시샤대학에서는 '죽은 사람에 대한 명예학위 증정'이라는 예외 규정까지 만들어 학장단 회의에서 열여섯 명 전원 찬성으로 서거일인 2월 16일에 명예박사 학위를 수여하기로 했다고 한다.

　필사 북인 만큼 필사에 관한 내용도 언급한다. 프랑스 국립연구기관인 '콜레주 드 프랑스'는 "손으로 글을 쓰면 자동으로 작동하는 특별한 신경회로가 있어 배움이 더 쉬워진다."고 했다. 손은 뇌가 내리는 명령을 수행하는 운동기관일 뿐 아니라, 뇌에 가장 많은 정보를 제공하는 감각기관이기 때문에, 손을 많이 사용하면 할수록 전두엽에 가해지는 자극이 커지고, 그 과정에서 두뇌의 중추인 전두엽은 자극을 해석하는 것을 넘어서 창의적 활동을 한다."고 했다. 345p 분량의 이 책도 윤동주 시인을 생각하며 열심히 필사해 볼 작정이다.

필사를 좋아한다. 필사란 글을 베껴 쓰는 것을 말한다. 몇 년 전 드라마 〈도깨비〉가 유행이었을 때, 《어쩌면 별들이 너의 슬픔을 가져갈지도 몰라》라는 감성치유 라이팅 북이 유행했다. 그 후 다양한 감성치유 라이팅 북이 지금까지도 유행한다. 예전에 모 일간지에 실린 필사에 관한 기사를 읽었다.

〈디지털 시대의 '디톡스' 필사 열풍, 쓰는 만큼 느려진다. 느려진 만큼 치유된다〉는 제목이 눈길을 끌었다. 급변하는 디지털 시대에 필사하는 사람이 늘어간다. 필사 모임이 생기기도 하고, 저마다 필사하는 이유를 찾아간다. 젊은 직장인은 퇴근하고 집에 와서 매일 하는 필사에서 휴식을 찾는다고 했다.

"나중에 써먹을 요량으로 깊은 인상을 준 문구들을 베끼고, 기이하거나 아름다운 단어의 목록을 작성했다."

《달과 6펜스》를 쓴 영국의 소설가 서머싯 몸이 한 말이다. 서머싯 몸도 책을 읽다가 반한 문장을 만나면 베껴쓰기를 한 모양이다. 나 또한 책을 읽다 처음 만나는 표현이나 감탄을 자아내는 문장을 만나면 베껴쓰지 않고는 못 배긴다.

필사를 하면 눈으로 읽었을 때보다 더 깊은 울림을 경험하기도 한다. 한 글자 한 글자 꾹꾹 눌러 필사를 하다 보면, 그 글의 내면으로 들어가는 느낌을 받는다. 다음은 1996년에 출간된 피천득 선생님의 수필집《인연》가운데 〈봄〉이라는 수필에서 옮겨 적은 문장이다.

"민들레와 바이올렛이 피고, 진달래 개나리가 피고, 복숭아꽃 살구꽃 그리고 라일락 사향 장미가 연달아 피는 봄, 이러한 봄을 사십 번이나 누린다는 것은 적은 축복이 아니다. 더구나 봄이 사십이 넘은 사람에게도 온다는 것은 참으로 다행한 일이다."

이 문장을 볼 때마다 매년 해마다 돌아오는 봄을 맞이할 수 있어서 더없이 고맙게 느껴진다. 목련이 피어나고 벚꽃이 흩날리는 계절이 오면, 그 계절을 다시 만난다는 게 그저 기쁨이다. 문장 하나하나를 베껴 쓰는 건 손이 하지만, 문장을 읽는 건 언제나 마음이었다. 따라 쓴 문장대로 마음이 닮아간다.

"책을 읽다가 당신의 영혼을 뒤흔들거나 유쾌하게 만드는 문장을 마주칠 때마다 당신의 지적 능력만 믿지 말고 그것을 외우도록 노력해 보십시오. 그러면 어쩌다 고통스러운 일이 닥치더라도 고통을 치유할 문장이 언제든지 준비되어 있음을 깨닫게 될 것입니다."

필사의 천재 페트라르카가 한 말로, 노트에 필사한 문장이다. 눈으로 읽을 때는 보이지 않고, 느끼지 못했던 것도 쓰면서 보이는 경우가 허다하다. 베껴 쓰고 나서 다시 읽어보면 힘이 된다. 나는 시도 베껴 쓰고, 책을 읽으면서 마음에 드는 문장, 새로운 낱말과 표현도 노트에 옮겨쓴다. 마음에 쏙 드는 그림책은 한 권을 통으로 베껴 쓰고, 좋아하는 동시집 역시 통으로 필사하기도 한다. 덕질하는 가수의 노래 가사를 쓰기도 하고, 한때는 김훈 작가님의 산문 《자전거 여행》을 필사하기도 했다. 분명 읽었던 책인데, 따라 쓰면서 생소한 문장을 접하기도 한다.

요즘은 신문에서 오피니언 지면을 읽고 칼럼을 매주 한 편씩 위드 필사를 한다. 직접 손으로 베껴 쓰는 게 낫겠지만, 매일 잡다하게 쓰는 게 많다 보니, 오피니언 필사는 워드로 대체했다. 1년간 해볼 작정으로 시작했다. 간혹 머릿속 지우개가 작동하는지 필사를 놓치기도 한다. 좋은 칼럼을 베껴 쓰는 건 글을 잘 쓰는 데도 도움이 된다고 하니, 시작한 이상 1년은 채우고 싶다.

책을 다 읽고 나서는 밑줄 친 부분을 다시 읽으면서 워드로 옮겨놓는다. 밑줄 친 부분을 다 타이핑 치지는 않고 꼭 타이핑 쳐 놓고 싶은 부분만 옮긴다. 프린트를 한 후에는 '책 한 권에 A4 한 장'이라는 파일에 넣는다. 보통 A4 한 장으로 정리하지만, 눈에 들어오는 문장이 많은 책은 여러 장 타이핑한다. 막힌 것을 뚫고 싶을 때 한 번씩 훑어보면, 다시 그 책을 읽은 것처럼 내용이 쏙쏙 눈에 들어온다.

내가 생각하는 베껴 쓰기의 장점은 이렇다. 우선 베껴 쓰다 보면 오롯이 멈춘 듯한 느낌이 들고 마음이 고요해진다. 바쁜 일상과 복잡한 일을 뒤로 하고 베껴 쓰기에만 집중할 수 있어서 좋다. 잠깐의 '쉼' 역할이라고 할 수 있을까. 정서적인 안정에도 좋은 취미다. 두 번째, 꼭꼭 눌러쓰다 보면 눈으로 봤을 때는 보이지 않던 낱말이 보이고, 그 낱말이 내게 깊이 스며드는 느낌이 든다. 세 번째로 베껴 쓰면 소소하게는 맞춤법과 띄어쓰기도 익히고, 어휘와 문장이 기억 속에 더 오래 남는다. 나도 모르게 내가 필사한 내용이 문득 떠오르기도 한다. 빈약한 문장력을 보완하는 데도 도움이 된다. 네 번째, 시적인 문장을 필사하다 보면 글을 쓰는 사람으로서 나도 이런 글을 쓰고 싶다는 강력한 동기부여가 된다. 다섯 번째, 괜찮은 표현을 익히면서 내 글도 그 문장을 닮아갈 수 있어서 글쓰기가 나아질 수 있다. 여섯 번째, 어떤 책을 고를까? 어떤 문장을 필사할까? 필사할 글을 선택하며 자신의 취향을 발견하고, 능동적으로 글을 찾아갈 수 있다. 일곱 번째, 명언을 따라 쓰다 보면 다시 삶의 각오를 다지게 된다. 한 토막의 글, 한 줄의 글이 때로는 지친 인생을 버텨내게 하는 힘을 주니까.

가끔 마음에 드는 표현을 만나면 '오늘 쓸 표현'이라는 A4 반 정도 되는 크기 노트에 옮겨놓고, 그날은 그 표현을 써먹는다. 예를 들면, 임동학 시인님의 동시 〈그늘을 쏟아부어서〉라는 동시에 '그늘을 쏟아부어서'라는 행이 있다. 이 표현이 마음에 들어 동시 전문을 필사하면서 그 행에 밑줄을 쳤다. 그땐 가을이었는데, 동시 필사 중 문득 안부를 건넨다면서 친한 지인에게 톡을 보냈다. "가을을 쏟아부은 낙엽이 한창 예쁜데, ㅇㅇ 언니는 가을을 잘 건너가고 있나요?" 바쁘다 보니 근사한 표현을 만났을 때마다 매번 이렇게 하지는 못한다. 아주 가끔이라도 하면 아예 안 하는 것보다, 내가 쓰는 어휘가 조금이라도 풍부해지지 않을까 싶다.

　블로그를 하면 필사하는 이웃을 많이 만난다. 시, 동화, 소설, 성경 구절, 심리학 도서, 자기계발서 등 저마다 필사 거리가 다양하다. 필사를 안 하고 있다면 필사를 거창하게 생각할 필요는 없다. 그냥 쓰고 싶은 것을 따라 쓰기만 하면 된다. 마음에 드는 책이 있다면 그 책에서 필사할 문장을 고르면 되고, 그게 마땅치 않으면 처음에는 인터넷의 도움을 받아도 좋다. 필사하기 좋은 문장을 검색하면 필사할 만한 글 모음도 많이 나온다. 하루 한 문장이라도 매일 필사를 할 수 있다면 아마도 머지않아 한 문장보다 더 많은 글을 베껴 쓰고 싶을 것이다. 더 나아가 '나도 이런 글을 써봐야지!' 하며 글을 쓰고 싶은 욕구가 마구 샘솟게 될지도 모른다. 그런 연유로 나는 오늘도 필사를 한다.

### 오늘의 한 줄 요약

베껴쓰는 건 손이 하지만, 문장을 읽는 건 언제나 마음이었다.
따라 쓴 문장대로 마음이 닮아간다.

"쓰는 만큼 느려진다. 느려진 만큼 치유된다."

## 적어야 이루어지는 마법

"모든 것은 꿈에서 시작된다. 꿈 없이 가능한 일은 없다. 먼저 꿈을 가져라. 오랫동안 꿈을 그리는 사람은 마침내 그 꿈을 닮아간다."

**학창시절,** 학교 복도 벽에 붙어있던 내가 좋아하는 '앙드레 말로'의 말이다. 어릴 적부터 꿈이 여러 개였고, 그중 작가라는 꿈은 늘 품고 있던 단어였다. 꿈을 머릿속에서만 상상하지 않고 버킷리스트를 만들어 수시로 체크한다. 꿈을 종이에 적어놓으면 세부 목표를 세우게 되고, 그 목표를 달성하고자 구체적인 행동에 돌입하게 되는 경우가 많았다. 항목별로 적어놓고 다시 읽으면서 마음이 변해 삭제하고 싶은 내용은 없애기도 한다. 올해도 버킷리스트를 작성했다. 해마다 작성해 놓고 수시로 수정해 나가는 편이다. 올해는 지금 쓰는 이 책 출간을 버킷리스트에 넣었고, 작가로 살아가고자 하는 작은 목표도 추가했다. 그레그 S. 레이드도 꿈에 관해서 이렇게 말했다.

"꿈을 날짜 옆에 적어놓으면 그것은 목표가 되고, 목표를 잘게 나누면 그대로 계획이 되며, 그 계획을 실행에 옮기면 꿈이 실현된다."

막연히 생각만 하기보다 글로 쓰면서 꿈을 시각화하는 게 꿈에 한 발짝 더 다가갈 거라고 생각한다. 2008년에 버킷리스트 109개 작성을 시작으로 수시로 항목을 보완한다. 올해까지 성공한 항목이 65개 정도다. 1번 항목이 등단하기였는데, 2013년 5월에 동시로 등단을 했다. 항상 1~2번을 다투던 두 번째 꿈은 문예창작학과 편입이었다. 2013년 사이버대 문예창작학과에 3학년으로 편입해서 2년간 휘몰아치는 창작 과제물에 혼쭐이 났다. 힘들었지만 재밌었다. 당시에는 여러 가지 일을 동시다발로 할 때였다. 오전에는 오프라인 자격증 과정 수업이나 문창과 수업을 듣고, 초등학교에서 재능기부 수업을 했다. 오후에는 지역아동센터에서 독서 지도 교사로 근무했다. 내게 주어진 여러 가지 일에 몸과 마음은 바빠서 허덕였지만, 지금보다 젊었기에 가능했다. 힘들었지만 즐기고 좋아하는 일이라 포기하지 않고 끝까지 다 해냈다.

아동센터 근무가 힘들 때는 버킷리스트에 아동센터 독서 지도 교사로 3년 경력 쌓기를 추가했다. 결국 7년간 근무했다. 작가를 꿈꾸고부터는 책으로 가득 둘러싼 내 방을 하나 갖는 게 소원이었다. 누구와 같이 쓰는 방이 아닌, 오로지 나만 쓰는 공간을 가지고 싶었다. 오래 묵은 집이지만, 몇 년 전 이사 오면서 그 꿈도 이뤘다. 버킷리스트 항목은 대체로 소소하다. 달성한 버킷리스트 항목을 일부 소개하면 다음과 같다. 혼자 쓰는 노트북 갖기, 도서관에서 봉사하기, 가족과 정동진 가기, 내 이름으로 책 출간하기, 한국사 1급 합격하기, 블로그 이웃 1,000명 이상 만들기, 다음 브런치 작가 되기, 100일 동안 연속 만 보 걷기, 주차 1칸 마음대로 하기(운전은 만년 초보라 한동안 운전을 하면서도 주차 자리가 1칸이면 주차를 못 했다.), 가족 생일에 나이만큼의 생일 선물해 보기, 일기 매일 쓰기 등이 있다.

작년 6월에 전북 내소사로 템플스테이를 다녀오고 나서는 템플스테이 매력에 흠뻑 빠져 버킷리스트 중 하나로 템플스테이 도장 깨기가 새로 생겼다. 걸어 다닐 수 없을 때까지 템플스테이를 하고 싶다. 다녀오면 사진과 글로 남긴다. 가서 무엇을 보고, 느끼고 생각했는지, 가기 전과 다녀와서 생각의 변화가 무엇인지, 새롭게 다짐한 결심이 무엇인지 세세하게 써 내려가는 과정을 통해 마음이 점점 여물어간다.

버킷리스트도 사회상과 가치관, 쓸 당시의 감정을 반영하는지 꼭 이루고 싶었던 꿈이 어느 순간 다시 들여다보면 색이 옅어져 스스로 질문하게 된다. '굳이?'라는 물음으로. 2025년 올해 작성한 버킷리스트는 작년 버킷리스트에서 삭제가 많이 됐다. 십여 년 전에 작성한 버킷리스트에는 갖고 싶은 대상을 향한 소유욕이 많았다. 나이가 들어가서인지, 지금은 소유욕보다 가치와 실천 쪽으로 포커스가 맞춰진다. 가족을 위한 버킷리스트도 있지만, 내게 집중하며 살자고 느낀 순간부터는 내가 행복해질 수 있는 쪽으로 방향이 틀어진 게 달라진 점이다.

부끄럽지만 올해 작성한 버킷리스트 일부를 공개하면 이렇다. 새벽형 인간 되기(매일 새벽 5시에 일어나 글 쓸 시간을 확보하고 싶지만, 아직은 들쑥날쑥이다.), 에세이 책 출간하기(지금 쓰고 있는 이 책), 전업 작가 되기(힘들겠지만 해마다 여전히 꿈을 꾼다.)그림 배우기, 매달 정기봉사하며 살기, 피아노 배우기, 덕질 가수에게 사인받기, 덕질 가수 콘서트 1열에서 관람하기, 독서광 되기(책에 더 몰입을 하고 싶다.), 출간 책 2쇄 찍어 보기(꿈은 꿀 수 있는 거니까), 혼자 여행 가기,

남편과 운동 같이하기, 헌혈하기, 건물주 되기(올해 대학을 졸업하고 사회인이 된 딸이 호기롭게 "엄마, 돈 많이 벌어서 건물주 만들어 줄게!"라고 얘기했다. 그래서 넣었다. 꿈은 가져보는 걸로), 가족과 매년 1회 여행 가기, 신문이나 잡지에 글 연재하기, 딸아이랑 템플스테이 가기, 혼자 어디든 운전해서 가보기(간이 생기다 말았는지 운전할 때는 유독 겁쟁이가 된다.) 등이다. 본인만의 이런 꿈을 이미 실천하고 있는 분도 많겠지만, 내게는 꼭 달성하고 싶은 소확행을 심어줄 버킷리스트다.

김수영 작가님의 《멈추지 마, 다시 꿈부터 써봐》에 보면, 꿈을 쓰고 그 꿈을 현실로 만들어 가는 저자의 치열한 기록이 나온다. 저자는 My Dream List를 번호, 분류, 목표, 목표 기한, 중요도, 달성 여부, 달성 연도로 나누어 버킷리스트를 관리한다. 이 책 초판 프롤로그에 저자는 "꿈이 있을 때 나는 비참하리만큼 힘겨웠던 절망의 순간을 넘어 기적을 이루어냈고, 꿈이 없었을 때는 세상 모든 것을 가지고도 힘없이 무너졌다."고 썼다.

목적 없이 가다 보면 내가 어디로 가는지, 무엇을 해야 하는지 무기력에 빠질 때가 있다. 나 또한 삶이 힘겹다고 생각할 때마다 항상 꿈을 써 내려갔고, 그 꿈을 이루고 싶은 생각에 스스로 꺼져

가는 불씨를 살렸다.

　가끔 간절히 바라던 일이 실제로 이뤄지기도 한다. 예전에 많은 사랑을 받았던 한 드라마에도 "인간의 간절함은 못 여는 문이 없고, 때로는 그 열린 문 하나가 신의 계획에 변수가 되는 건 아닐까"라는 대사가 나온다. 이 대사처럼 작든 크든 크기와 상관없이 이루고 싶은 일에 간절한 염원을 담는다면 행운과 기적이 찾아오리라 믿는다.

　USB를 만든 이스라엘 벤처 영웅 도브 모란도 "미래를 창조하려 할 때 꿈보다 좋은 건 없다."고 했다. 버킷리스트가 없다면 50개, 30개라도 써보자. 꿈을 적고 나면 자잘하게 나누어 실행 계획을 세우기만 하면 된다. 포기만 하지 않고 계속 생각하면 그쪽으로 좋은 기운이 몰릴 거다. 시간이 걸리더라도 버킷리스트 옆에 떡하니 "성공!"이라는 두 글자를 반드시 쓰게 될 것이다. 적어야 이루어지는 마법이다. 적기 시작하면서부터 마법 시계는 째깍째깍 나를 향해 오고 있을 테니까.

### 오늘의 한 줄 요약

'적어야 이루어지는 마법'이다. 버킷리스트를 작성해 보자!

# 나만의 이력서 쓰기

**종종 나에 대해서 쓴다.** 자기 자신을 잘 파악하고 있어야 한다고 수업하는 아이들에게도 자주 얘기한다. 아무리 나를 잘 아는 사람이 있다고 해도, 나보다 나를 잘 아는 사람은 없으니까. 가끔 "어른이 되어서 뭘 하고 싶니?", "어떤 삶을 살고 싶니?", "너는 어떤 아이라고 생각하니?"라고 물었을 때, 잘 모르겠다는 아이들을 만난다. 나에 대해서 스스로 잘 알아가는 데는 인생 이력서를 써 보는 게 도움이 된다.

태어날 때부터 지금까지 어느 학교를 다녔고, 아르바이트며 직장은 어디를 다녔는지, 무엇을 보고 듣고 배웠는지 하나도 빠짐없이 써 보는 거다. 물론 아이들이 쓴다면 어린이집, 유치원부터 다닌 학원이나 학교에서 받은 상, 대회, 특별히 기억나는 일에 대해서도 써 보면 좋겠다.

이 책을 쓰기 전에 내 인생사를 꼼꼼하게 정리해 봐야겠다는 생각이 들었다. 살아온 삶을 쓰고 싶은데, 도대체 뭘 쓰는 게 맞을지 확신이 서지 않았다. 처음 이 책을 써 보려고 할 때는 '자기계발이 취미가 되었다'는 내용을 기획했다. 배움에 목말라했던 사람인지라, 그동안 배우면서 겪었던 에피소드나 열정, 결과로 남은 자격증. 그 이야기를 쓰려고 했다. 그런데 '이걸 쓰는 게 맞나?' 하는 의문이 들었다. 현미경으로 들여다보듯, 인생 전반을 더 꼼꼼하게 봐야 한다는 생각을 했다.

어느 일요일이었다. 가족이 다 외출해서 아무도 없었다. 오전 8시 30분쯤 아침도 먹지 않고 책상 앞에 앉아서 쓰기 시작했는데, 오후 2시 30분에 끝이 났다. 중간에 엉덩이를 뗀 일이라고는 화장실 가고, 찐 단호박 몇 조각과 두유로 끼니를 해결할 때뿐이었다.

'인생사 정리'라는 이름으로 써 내려간 이력서를 출력하니 A4 8장 분량이었다. 학력 및 경력, 자잘한 아르바이트를 비롯해, 그동안 어느 기관에서 무엇을 배웠고, 어떤 자격증을 땄는지, 또 어떤 활동을 했는지를 썼다. 문학 활동이며 책방 북토크와 문학 강의를 들은 일, 봉사활동이며 했던 운동, 좋아하는 일과 특기도 떠올렸다. 쓰기와 기록, 읽기에 대해서는 더 세세하게 적었다. 나만의 기록방법은 무엇인지, 주제별로 네이버 밴드에 기록하고 있는 카테고리도 분류했다. 쓰기 노트가 무엇인지, 글쓰기와 책 읽기를 언제부터 좋아했는지도 살폈다. 살면서 열정을 보인 일에는 뭐가 있는지, 국내외 여행은 어디를 갔고, 여러 번 읽거나 밑줄 파티한 책은 무엇인지도 썼다. 그리고 글쓰기 상을 받은 건 있는지, 어떤 것을 좋아하지를 쓰기도 했다.

싫어하는 것도 쓰고, 하고 싶은 일도 썼다. 마음속으로 더 들어가서 잘하는 게 무엇인지, 좋아하고 관심 있는 건 무엇인지, 미래에 하고 싶은 일은 무엇인지에 대해서도 썼다. 내게 던지는 질문도 만들었다. 1) '내가 잘하는 것은?'이란 물음에는 글쓰기라고 썼다. 실력이 좋다는 뜻이 아니라, 글쓰기에 대한 열정이 많다는 뜻이다. 나는 특별히 잘하는 게 없지만, 그중 글쓰기를 그나마 잘하지 않나 싶다. 책 읽기, 메모하기, 기록하기도 내가 잘하는 일이다. 2) '내가 좋아하고 관심 있는 것은?' 이 물음에도 글쓰기, 책 읽기, 메모하기, 기록하기라고 썼다. 잘하는 일과 좋아하고 관심 있는 일이 같다. 3) '미래에 하고 싶은 일은?' 이 물음에도 역시 글쓰기와 관계된 일을 하고 싶다고 적었다.

다 쓰고 나서 읽어보면서 주로 배우고 익혔던 건 무엇인지, 어떤 것에 신경을 많이 쏟고 살았을까. 어떤 분야에 마음을 뺏기고, 어떤 책을 읽었을 때 흥분이 가장 잘 되었나 살펴봤다. 그림책과

동화책도 읽고 소설, 시, 에세이, 글쓰기, 간간이 인문학책과 자기계발서까지 골고루 읽은 편이다. 시집을 제외하고 같은 책을 여러 번 읽은 건 주로 글쓰기 책이다. 직선과 물결무늬로 밑줄을 치며 다섯 번 이상 읽은 책도 글쓰기 책이다. 책을 읽고 나면 속지에 바를 정(正) 자를 하나씩 완성한다. 마음을 뺏긴 책은 여러 번 읽기 때문에 몇 번을 읽었는지 표시를 하기 위함이다.

유명 시인이나 작가님의 문학 강의를 듣거나 북 콘서트에 가는 걸 좋아한다. 팔이 아프도록 그들의 이야기를 수첩에 빼곡히 옮겨 적었고, 집에 오면 블로그에 다시 정리하면서 기록으로 남겼다. 도서관, 여성회관, 온라인 수업 등 내가 들은 수업을 모조리 적었다. 조리사 과정, 신문 활용 수업, 역사 수업, 캘리그라피 수업도 있었지만, 주로 글쓰기와 관계된 수업이었다. 쓰다 보니 더더욱 분명해졌다. 앞으로 남은 인생은 글쓰기와 관계된 일을 하면서 살아가야겠구나 하고.

인생 이력서를 살펴보니 결혼 전까지 경험한 직업이 많았다. 들어가는 회사마다 회사 사정으로 그만두게 되거나, 사무직으로 들어갔는데 영업직으로 전환되는 등 변수가 잦았다. 영업 3종 세트와 사무 업무, 아동복 가게 점원까지 결혼 전 다양한 일을 경험했다. 소심하고 내성적인 성격임에도 새로운 도전을 맞닥뜨릴 순간이 빈번했다. 막상 닥치면 또 해내고야마는 기질 탓에 '한번 해보지 뭐. 하다가 안 되면 말지.' 하는 마음이 한몫하긴 했다.

그중 나와 가장 거리가 멀다고 생각한 일은 영업 3종 세트다. 화장품, 카드, 책 영업이었다. 절친 언니 소개로 화장품회사 영업소 경리로 들어갔다. 혼자 조용히 앉아 매출전표를 처리하고 주문 관련 일을 하니까 간섭받지 않아서 좋았다. 좋은 시절은 왜 그리 짧을까? 들어간 지 3개월도 안 되어 구마다 있던 영업소를 중앙지점 하나만 남겨놓고 다 철수시킨다는 거였다. 퇴사를 하든지, 영업직을 선택하든지 둘 중 하나였다. 내 성격에 절대 영업은 못 한다고 그만두려고 할 때, 절친 언니가 조언했다. 해보고 정 못 하겠다 싶으면 그때 그만둬도 되지 않겠냐고. 두려움은 있었지만 내가 벌어서 생활비를 충당해야 하는 상황이었기 때문에 도전했다. 화장품 가게를 돌며 화장품을 주문받는 일이었다. 처음엔 입이 안 떨어져서 가게에 들어가면 가게 정리도 해주고, 물건도 대신 팔아주곤 했다. 가게 사장님과 친해지고 나서야 겨우 주문을 받는 식이었다. 부끄러움은 여전했지만, 시간이 갈수록 조금씩 덜해졌다. 당시 그 화장품회사 모델이었던 배우 김희선과 모델 변정수를 회사 창립기념일 행사에서 직접 보기도 했다. 아이러니한 건 화장품회사를 다녔음에도 여전히 메이크업엔 관심이 없고 잘하지도 못한다는 사실이다.

다음으로는 신문광고를 보고 찾아간 회사였다. 분명 출판사라고 했는데, 책을 방문 판매하는 회사였다. "저 이런 건 못해요." 처음엔 이렇게 말했는데, 그때 사장님은 자기 처제도 이 회사에서 일하고 있는데, 이상하거나 영 못할 일이면 처제를 데려와 시키겠냐는 말을 했다. 돈 드는 일도 아닌데, 일단 한번 해보라고 설득을 했다. 차를 타고 팀마다 정한 동네에 가서 집집마다 문을 두드려 책을 파는 일이었다. 선배들이 하는 모습을 봤지만, 용기가 안 나서 한동안 선배들의 꽁무니만 쫓아다녔다. 오래 그러다 보니 싫어하는 기색이었고, 시간만 끌 수 없다는 생각에 두근거리는 마음으로 문을 두드렸다. 문을 아예 안 열어주는 집도 많았고, 사이비 종교인이나 사기꾼으로 취급받기도 했다. 초등학교 때 집에 있던 100권짜리 명작동화와 전래동화를 닳도록 읽었던지라, 책에 대한 효과는 술술 나왔다. 전집을 사겠다고 계약서를 써 주는 사람이 생겨났고, 어느 달에는 팀에서 내가 일등을 하는 기적을 보이기도 했다.

3종 영업 세트 중 마지막 영업은 카드회사였다. 이미 화장품 영업과 책 영업을 경험한지라, 해볼 수 있겠다 싶었다. 카드 한 장을 발급하면 수당이 붙는 식이었다. 카드 발급 일은 집을 찾아다니는 게 아니라, 카드를 만들어 줄 사람을 찾아다니는 거였다. 남편과 연애하던 시절이었는데, 남편은 시동생에게 전화를 해뒀다고 하며 찾아가 보라고 했다. 지금 같으면 그렇게 못했을 거다. 그때는 한 푼이라도 벌어야 했기 때문에 용기를 냈다. 예비 시동생은 내가 카드 영업하는 줄 알았으면 진작 나한테 신청했을 건데 하며, 자기는 안 되지만 직원들에게 카드 발급 신청서를 받아주겠다고 했다. 잠시 기다리는 동안 사무실에 올라가서 신청서를 몇 장 받아서 왔다. 쉽지 않은 일이었을 텐데, 지금까지 고마운 일로 기억한다.

영업 3종 세트를 오래 한 건 아니지만, 이 일을 하면서 치열하게 살아가는 수많은 사람을 만났다. 세상엔 내가 미처 몰랐던 일을 하며 돈벌이를 하는 사람이 많았다. 그것을 본 후 누가 감히 이 일은 천하고, 저 일은 고급진 일이라 규정지을 수 있을까 생각했다. 어느 곳에도 하찮은 일이 없다는 것을 알게 되었다. 더불어 이 모든 일은 내 적성에 맞지 않으며, 하고 싶은 일이 아니라는 사실을 깨달았다. 막연히 작가라는 꿈은 늘 품고 있었지만, 글을 쓰기 전에는 어떤 일을 하며 살아야 할지 아리송한 시간을 보냈다.

한 번뿐인 인생, 그저 그렇게 흘러가는 대로 두기에는 아깝다. 영화 〈토르〉에서도 "인간의 삶은 짧다. 가까운 곳으로 눈을 돌려라."라는 대사가 나온다. 나는 멀리 있는 걸 찾지 말고 내게 집중

하라는 의미로 해석한다. 해석은 자유니까. 내가 그리는 대로, 내가 꿈꾸는 대로 살고 싶다. 물론 처음에는 길이 잘 보이지 않고, 이 길이 맞나 의심스러울 때도 있겠지만, 그 길을 가는 게 틀리지 않았음을 스스로 증명해 내면 된다. 자기가 좋아하고 마음을 쏟는 일이라면 여러 가지 어려움이 와도 이겨낼 수 있을 것이다. 쓰나미가 와도 떠밀려가지 않고 잠시 둥둥 떠 있을지언정, 아무 곳에나 휩쓸려 가지 않는다는 것을 믿는다.

나라는 사람을 다른 사람이 정의 내릴 수는 없다. '저 사람은 이게 잘 어울려! 저게 잘 어울려!'라고 이야기할 수 있지만, 내가 나를 제대로 정의 내릴 수 있지 않을까? 혹시 지금 갈팡질팡하고 있다면, 가야 할 길이 헷갈린다면 세세하게 이력서를 써 보자. 내 인생의 정답을 찾도록 A4 여백을 가득 채워보자. 이력서를 쓰고 나면 총평을 써 본다. 내 인생 총평도 이렇게 정리했다.

"자기계발을 취미처럼 한 덕분에 취미가 직업이 될 수 있었고, 흙수저로 태어난 내가 조금씩 성장할 수 있는 계기가 되었다. 평소 배움을 좋아한다. 강의든, 책이든, TV에서든 몰랐던 걸 알아가는 게 좋다. 뉴스를 잘 보는 성향을 보면 세상에 대해 잘 알고 싶은 마음이 있는 듯하다. 인생 다하는 날까지 건강이 허락하는 한 뭐든지 계속 새로운 걸 배워가고자 한다. 수영도, 피아노도, 영어도, 사찰음식도 언젠가 한 번은 배워보겠지. 손에 펜을 쥘 힘이 있는 순간까지는 쓰기를 멈추지 말자."

그러고 나서 마지막 한 줄로 내 인생을 정리했다. "내 인생의 화두는 역시 글쓰기다."라고. 인생사를 정리하고 보니 쓰기에 관한 이야기를 먼저 하고 싶었다. 평소에도 뭘 배웠는지 기록을 수시로 하고 살았으나, 한꺼번에 이렇게 모아보니 더더욱 내 인생이 한눈에 들어왔다. 이력서를 쓰다 보면, 처음에는 미약했던 내가 점점 성장해 나가는 모습도 발견하게 된다. 어떻게 살아가야 할지 고민이 된다면, 무엇을 좋아하고 잘하는지 모르겠다면 나처럼 인생 정리를 한 번 하자. 나의 역사, 나만의 스토리를 적어보자. 꼼꼼하게 쓰면 쓸수록 내 인생이 말갛게 더 잘 들여다보일 것이다.

### 오늘의 한 줄 요약

어떻게 살아가야 할지 고민이 된다면, 무엇을 좋아하고 잘하는지 모르겠다면 나의 역사, 나만의 스토리를 적어보자. '인생 이력서'를 써 보자.

# 찰나의 감동을 붙잡는 법

**딸이** 초등학교 저학년 때 일이다. 한번은 퇴근한 후 피곤해서 저녁을 하기 전, 에어컨 앞에 털썩 주저앉아 쉬었다. 딸아이가 3분만 눈을 꼭 감고 있으라고 했다. 자기가 눈을 뜨라고 할 때까지 절대 눈을 뜨면 안 된다는 말과 함께. 3분 후 딸은 "엄마 눈 떠 봐!" 하고선 "작년에 왔던 각설이가 잊지도 않고 또 왔네." 눈을 뜬 순간 손뼉을 치며 크게 웃었다. 딸은 눈썹에 검정 테이프를 바르고, 이에는 김을 묻히고, 보자기로 몸을 감쌌다. 양푼이와 숟가락을 들고 내 앞에서 각설이 타령을 했다. 어떻게 이런 생각을 다 했는지, 그 몇 분으로 하루의 피로가 다 녹아내렸다.

어느 날은 내가 가지를 좋아한다고 용돈으로 가지 하나를 사 와서 "엄마 선물이야." 하고 내밀었다. 당이 떨어져 싱크대에 기대서 초코파이를 하나 물고 있을 땐 "엄마, 괜찮아?" 물어봐 주기도 했다. 딸이 고등학생 때는 영어 수행평가 시간에 'my little hero'를 주제로 3시간 동안 에세이를 썼다고 한다. 좋아하는 연예인을 쓴 친구가 많았는데, 딸은 "난 엄마를 썼어."라고 이야기했다. "엄마 욕 쓴 거 아니야?" 하고 물었더니, 딸이 웃으면서 "욕 안 적었다니까." 했던 기억이 난다. 딸은 고등학생 때 학교를 못 다니겠다고 했다. 자퇴를 고민할 만큼 사춘기를 심하게 겪어내고 있을 시기였다. 바늘 끝처럼 한껏 예민하던 딸이었기에, 이런 이야기가 폭풍 감동으로 다가왔다. 토씨 하나라도 놓칠세라 딸이 하는 말을 수첩에 다 기록해 두었다.

지금도 나는 딸에게 "공주야!"라고 부를 때가 많다. 질문을 잘하는 딸은 "엄만 누가 공주라고 불러줬어?", "머리가 왜 그래?", "왜 어지러워?"라고 물어본다. 하루는 노트북 앞에 앉아 집중해서 글을 쓰고 있는 내게 "엄마 머리 사자 같아. 진짜 에버랜드에 있는 사자 같아."라고 깔깔깔 웃으며 말하기도 했다. 이런 순간이 모두 글감이 된다. 쓰다 보니 딸 이야기가 많다. 집에서 항상 나를 웃게 만드는 건 딸이다.

보통 모녀 사이는 애증의 관계라고 하는데, 우리도 마찬가지다. 좋을 때는 이렇게 좋다가도 싸울 때는 서운함에 쳐다보기 싫을 만큼 밉기도 하다. 딸은 어릴 때부터 곰살맞은 아이였기 때문에, 성인이 된 지금도 그 성향이 여전히 남아 있다. 심심하면 옆에 와서 "영서 씨, 뭐해?"라고 물어 봐주는 딸. 드라마를 볼 때도 엄마와 같이 봐야 재밌다며 바쁜 엄마를 드라마 지옥으로 끌어들이는 아이다. 딸과의 일화를 쓰다 보면, 딸이 내게 한 행동 하나하나가 더 진하게 내 안에 들어와 앉는다. 어릴 때부터 공처럼 톡톡 튀는 아이다. 아들과 다르게 고민도 넘치도록 안겨주는 아이지만, 글을 쓰면서 아이의 생각을 들여다봐 주고, 그러면서 이해하게 된다.

아들은 초등학생 때, 땀 흘리며 튀김 요리를 하는 내 모습을 보고 말없이 선풍기를 틀어줬다. 사춘기로 예민했던 중학생 때는 엄마·아빠의 결혼기념일에 현관 앞에서부터 축하 글귀를 담은 포스트잇을 깔아놓고 결혼기념일을 축하해 주기도 했다. 그 이후부터 지금까지 엄마·아빠의 결혼기념일을 챙기지 않지만, 그 한 번으로 족했다. 한번은 심하게 무뚝뚝한 남편도 나를 감동시킨 적이 있다. 아이들이 초등학교에 다닐 때인데, 어느 날 내가 버스를 타고 출근하면서 아마 "수고해요."라고 문자를 보낸 모양이다. "다 당신 때문에 힘내서 일하는 건데."라는 답장이 왔다. '이 양반이 이런 말도 할 줄 안단 말이야.' 평소 안 하던 닭살 멘트에 의아했지만, 눈물이 핑 돌던 순간이었다.

감동을 느끼는 건 찰나다. 다람쥐가 겨울 양식을 모으듯, 그 순간을 많이 모으고 있으면 언제든지 꺼내 볼 수 있어 마음이 배부르다. 그 순간을 오래 기억하고 싶어서 사진을 인화하듯이 그 순간을 잊지 않으려고 짧은 메모라도 남겨 놓는다.

작년 6월에는 동네 책방에 가서 《초록을 입고》를 쓰신 오은 시인님을 만나고 왔다. 오은 시인님은 매일 권하고 싶은 루틴으로 하루 한 장면을 골라서 한 문장을 써 보라고 했다. 날마다 우리는 이런저런 사진을 찍는데, 그중 제일 마음에 드는 사진(오늘 내가 **픽한 사진**)을 골라서 사진을 찍은 이유, 감정을 기록하라고 한다. 그리고 한 문장으로 정리를 해보면 어떤 하루도 사소한 날이 없다는 것을 알게 된다고 했다. 또 하루를 다 살고 나서 오늘은 무슨 무슨 날이었다 하고 날에 이름을 붙여 보라고 권했다. 어린이날, 어버이날처럼. 예를 들면, '예쁜 고양이를 본 날' 같이 날마다 이름 붙이는 훈련을 해보라는 것이다. 오은 시인님은 "세상에 그냥은 없다. 슬그머니 들여다보면 다 이유가 있고, 이유를 발견했을 때 글쓰기가 시작된다."고 했다.

나는 북토크를 다녀온 그날부터 지금까지 매일 실행 중이다. 내가 이름 붙인 날을 몇 개만 소개하면 이렇다. '셀프 위로한 날', '운전면허 갱신한 날', '책 모임 한 날', '메모 수첩 정리한 날', '새벽시장 간 날', '읽기와 쓰기가 나를 구한 날', '사랑니 발치한 날', '딸이 만든 샐러드를 맛본 날', '아들과 함께한 날', '남편이 딸기 사온 날', '달빛글방 모임한 날', '별에서 온 소녀를 마주한 날', '옥씨부인전 본 날', '고구마 주인 찾아준 날', '수첩 정리 열심히 한 날', '초고 원고 쓰기 몰입 빵빵한 날' 등이다. 처음 시작은 네이버 밴드였고, 한동안 블로그에 올렸다가 지금은 다시 밴드에 매일 기록 중이다. 지나간 일상을 다 들여다볼 수 있어서 기록하길 잘했다는 생각이 든다. 이런 아이디어를 주신 오은 시인님께 감사드린다.

나는 감동을 잘하는 편이다. 남이 울면 따라 운다. 지금껏 살아온 시간을 돌이켜보니 감동을 잘해서 삶이 고될 때도 잘 견딜 수 있었던 것 같다. 라디오를 듣다가, TV를 보다가, 수다를 떨다가, 동화책을 읽다가도 코끝이 찡해 올 때가 생긴다. 사소한 거 하나에도 크게 마음이 동요한다. 남편은 가끔 호들갑 좀 떨지 말라고 하지만, 내 삶을 지탱한 힘은 바로 잔잔한 감동이었다.

길을 가다 콘크리트 바닥 한가운데 피어난 민들레를 보고도 대견해서 눈길이 가고, 11월에 핀 장미를 봐도 얘기를 건넨다. "너는 겨울을 좋아하는 장미인가 보구나!" 하고. 누군가 나한테 베풀어준 작은 친절에도 감사하고, 꼭 기억하려 애쓴다. 힘들고 우울한 순간, 그 기억을 떠올려본다. '그래, 그럴 때도 있었지.' 그때 그 순간 느낀 행복감을 가지고 와서 마음을 정화시킨다.

이런 순간은 내가 잊으려고 해도 쉽게 잊히지 않는다. 조각난 이런 순간이 모이고, 모이다 보면 어찌 삶이 풍요롭지 않을까? 마음에 울림이 있을 때마다 꼭 메모를 한다. 〈찰나의 감동〉이라는 제목을 달아 블로그에 옮겨놓기도 했다.

외부 수업을 갔을 때, 한 아이가 수업을 끝내고 가는 날 불러 세웠다. "오늘도 파이팅!"을 외치며 돼지바를 건네던 모습까지 다 마음에 저장했다. 퇴근길에 라디오에서 흘러나온 첼로 소리에 내 생각이 났다며 전화를 한 띠동갑 옛 직장동료, 신혼 때 같은 아파트에 살던 이웃이 보고 싶다며 전화를 한 일도 다 마음에 담았다.

한번은 절친과 밥을 먹다 친구의 아버지께서 내게 건넨 인사말에 눈물을 왈칵 쏟고 말았다. "아프지 말고 건강하게 살아라." 돌아가신 아버지도 생각났지만, 뭔가 모르게 뭉클했다. 이 모든 일에 내 감정은 움직였다. 이 글을 쓰고 있는데, 시커먼 팩을 얼굴에 붙인 내가 우습게 보였는지, 딸아이가 한마디 툭 내뱉었다. "우리 엄마, 귀엽네." 까랑까랑하던 사춘기 빛깔을 다 떨쳐버린 딸아이가 고마워서 마음이 또 찌릿찌릿했다.

일상에서 행복을 찾아가는 방법 중 하나는 찰나의 감동을 붙잡는 것이다. 그 순간이 오래 기억되게 나는 글로 쓴다. 추운 날 핫팩이 들어있는 호주머니에 손을 넣으면 손이 따뜻해지는 것처럼 덜

춥다. 덜 외롭다. 추억 속에 저장된 감동의 조각들을 꺼내 보면.

한때는 감동은 받는 것으로만 생각했다. 찰나의 감동을 붙잡다 보니, 감동은 누가 주는 게 아니라, 내가 느끼는 거였다. 어떤 장면에서든 마음을 열어놓고 느끼면 되는 일이었다. 기억은 시간이 지나면 날아가니까, 기억을 믿지 말고 쓰기로 찰나의 감동을 붙잡아 보자. 블로그도 좋고, 인스타나 네이버 밴드도 좋다. 감동을 느낀 장면을 찍고, 몇 마디로 그때 느낀 감정을 적어두면 끝이다. "나는 글쓰기가 싫어요." 하는 사람도 얼마든지 감동 부자가 될 수 있다. 감동을 느끼는 건 찰나니까, 그 찰나를 낚아채자.

### 오늘의 한 줄 요약

찰나의 감동을 붙잡아두자.
감동을 느낀 그 순간을 찍고, 몇 마디 덧붙이면 끝.

"감동은 받는 게 아니라, 내가 느끼는 것이다!"

## 기록은 무의미에 맞서는 일

**내가 참여하고 있는** 책 모임 회원의 아버지는 30년 동안 쓴 일기장을 가지고 계신다고 한다. 3년, 5년, 10년 일기장처럼, 줄 공책 한 페이지에 30년의 역사가 숨어있다고 했다. 매일 한 줄짜리 일기를 써 오셨고, 지금은 그 한 줄짜리 일기를 아버지가 노트에 풀어서 상세하게 기록해 주시면 딸은 그 노트를 보고 디지털화하는 작업을 한다고 했다. 작년까지 쓰신 일기는 다 작업했고, 요즘은 한 달간 일기를 쓰시고 나면 바로 건네받아서 작업을 한다고 했다.

아버지의 인생이 낱낱이 다 들여다보인다고 했다. 이 얼마나 귀한 일인가 싶다. 나는 가끔 돌아가신 아버지의 흔적이 사진 말고 글로도 남겨져 있으면 좋겠다는 생각을 한다. 어린 시절 원망하기도 했던 그 모습 속에 아버지만의 속사정도 있지 않았을까? 가끔 아버지가 그리울 때 아버지 필체를 볼 수 있다면, 곁에 안 계시지만 든든한 마음이 들지 않을까 싶다. 아버지의 글을 정성으로 모으고 있는 그 회원은 바로 나한테 "네 무기는 펜이야."라고 말해준 지인이다. 아버지의 일기를 읽으면서 몰랐던 아버지를 알아간다고 했다. 내가 그랬다. "언니의 아버지는 진짜 유퀴즈에 나오셔야 되겠어요. 그 많은 분량을 정성스레 워드 작업하는 언니도 같이요." 하고. 예전에 일기를 오래 써 오셨다는 분이 유퀴즈에 나온 걸 봤는데, 그분을 뛰어넘을 기록의 고수가 아닐까 싶다.

주변에 있는 기록의 신을 또 알고 있다. 아동문학회에서 같은 기수로 만나 함께 공부한 선생님이다. 이분은 2013년부터 매일 하루도 빠짐없이 육아일기를 쓰고 있다고 했다. 간호사인 아내와의 사이에 초등 1학년, 3학년, 6학년인 세 딸을 두었고, 많이 알고 있는 앱 '맘스 다이어리'를 이용 중이라고 했다. 연속 100일 동안 하루도 빠짐없이 매일 일기를 쓰면 100일 후 100p 분량의 일기를 무료로 한 권의 책으로 묶어준다고 했다. 육아일기뿐 아니라 여행 등 다양한 주제로 100일 글쓰기를 채우면 되는 방식이었다.

육아 일기장을 한 권씩 펴내고 나면 가끔 아동문학회 우리 기수 단톡방에 올리시는 데 그 꾸준함에 존경스런 마음이 들었다. 나도 태교 일기도 쓰고, 간간이 육아일기도 썼지만 이렇게 오랜 기간 매일 쓰지는 못했는데, 그 꾸준함이 우러러보였다. 쓰는 걸 좋아하면서도 왜 육아일기를 매일 쓰지 못했나 돌아보면 아쉽다. 요즘은 드문드문 아이들의 한때를 기록하는 중이다.

또 탐나는 기록을 본 게 생각난다. 글이 아니라 사진이었다. 수업하는 아이의 방에 있던 연도별로 꽂혀 있는 가족사진을 담은 액자식 앨범이었다. 해마다 쑥쑥 성장하는 아이와 조금씩 나이 들어가는 부모의 모습이 특별하게 느껴져 감탄했다. 우리 집은 다들 찍히는 걸 싫어한다. 특히 딸은 카메라만 들이대면 손으로 얼굴을 가린다. "네가 무슨 연예인이냐?" 이렇게 내가 우스갯소리를 할 정도다. 무뚝뚝함의 극치를 달리는 남편도 함께 산책하면서 사진 한 장 찍을라치면 저리 치우라는 제스처를 취한다. 이런 실정이니, 우리 집은 가족사진 찍기가 힘들다. 내 카메라에 최근 담긴 가족사진도 거의 도둑 촬영 결과물이다.

얼마 전부터 하루 중 나를 스치고 간 것에 대해서 기록해 나가고 있다. 하루는 독립한 딸처럼 빨간색 키티 욕실화를 신고 싶어서 샀다. 안방 욕실에 들어갈 때마다 눈 동그랗게 뜨고 귀엽게 쳐다보고 있는 키티 모습이 곰살맞은 딸을 연상케 했다. 이날은 '같은 물건을 쓴다는 건 그 사람을 마음에 담고 싶다는 뜻일 거다.'라고 썼다. 어느 날은 대추나무를 소재로 동시를 쓰면서 '해거리'라는 낱말을 만났다. "해거리는 한 해를 걸러서 열매가 많이 열리는 현상이다. 시골이 고향이면서 처음 알게 된 낱말이다. 시댁 마당에 있는 대추나무가 한 해는 대추를 달지 않았다. 다음 해에는 풍성하게 열매를 달았다. 나무는 아니지만, 나도 해거리 중인가. 작년에는 열매를 달지 않았다. 올해는 해거리에서 비켜난 해가 되길 고대한다. 지금 집필 중인 이 책이 튼실한 열매가 되어 줄까?"라고 썼다. 별거 아니지만 이런 기록이 쌓이니까, 보통의 하루가 더 의미 있어진다. 날마다 오늘은 뭘 기록해 볼지 눈을 굴린다.

김영하 작가님도 기록에 관해 이런 말을 했다.

**"기록한다는 것은 조수간만처럼 끊임없이 침식해 들어오는 인생의 무의미에 맞서는 일이기도 하죠."**

나는 밝고 긍정적인 성격이지만 공허함을 느끼는 순간도 찾아온다. 길게 이어지진 않지만, 마음이 텅 빈 것 같고, 괜히 울컥해질 때가 있다. 그럴 때는 지난 기록을 뒤져본다. 메모 수첩을 꺼내 보거나, 일기장을 뒤적거리기도 하고, 블로그나 브런치, 밴드에 쓴 글을 읽기도 한다. '다시 힘을 내야지!', '다시 나아가야지!' 마음속에서 간지럽게 일렁거리는 느낌이 든다.

　기록은 나도 의미 없는 것에 의미를 부여하는 일이라고 생각한다. 동시에 평범한 일상을 어떤 특별함으로 자연스레 치장하는 일이라는 생각이 든다. 작년 동네 도서관에서《어서 오세요, 휴남동 서점입니다》의 저자 황보름 작가님을 만났다. 책 모임에서 작가님의 책을 두 권이나 읽은 터라, 책 모임 회원들과 함께 강연회에 다녀왔다. 차분한 음성으로 들려주던 작가님의 기록 이야기가 가슴을 달뜨게 했다. 작가님은 80~90% 기록에 의해서 나온 책을 3권 소개했다. 책 속 밑줄 친 부분을 에버노트에 기록한 결과물로 나온 책《매일 읽겠습니다》, 킥복싱을 배우면서는 매일 운동을 하고 일지를 썼다고 한다. 그 일지로 탄생한 책은《난생처음 킥복싱》이다. 그리고 또 친구와 이야기를 나눴을 때 친구가 한 말과 작가님이 한 말을 다 기록해서 글로 옮긴, 책 속의 대화가 실제 대화라는《이 정도 거리가 딱 좋다》를 소개하셨다.

　글을 잘 쓰는 작가님이기에 책으로 완성시키지 않았을까 싶기도 하지만, 어떤 기록이든지 꾸준함만 있으면 누구든지 기록은 할 수 있는 거니까, 용기를 내보자. 지금 생각하니 2023년에 200일 연속 만 보를 걸을 때 매일 걷기일지를 썼으며 좋았겠다 싶다. 시작할 때는 그 기록이 무엇이 될지, 어떤 가치가 있을지 모르니까 뭐든 손을 부지런히 움직여 뒤늦게 놓친 것에 대한 후회는 덜 해야겠다는 마음이다.

요즘은 문득 그동안 먹었던 음식 가운데 물개박수 치며 맛있게 먹었던 음식을 정리해 봐야겠다는 생각을 했다. 사진을 찍어 두긴 했으나, 어디에서 누구와 어떤 상황에서 먹은 음식인지, 그때의 기분이나 상태도 기록해 뒀으면 좋았겠다 싶다. 일명 영서표 먹지도다. 가끔 바람은 쐬고 싶은데 어디를 갈지 고민이 될 때, 감동했던 음식이 있었던 곳을 다시 만나러 가는 것도 좋겠구나 싶다.

"오늘 기록하지 않으면 내일 기억되는 일은 없을 것이다." 시인 문신이 말했다. 2018년 조선일보에서 읽었다. 나 또한 이런 마음이라 손이 바쁘게 기록을 해나간다.

손현이 쓴 《글쓰기의 쓸모》에서 저자의 직장 동료인 소윤의 디자이너는 "기록은 소유하는 가장 우아한 방법"이라고 했다. 나 또한 그렇게 생각한다. 기록은 돈 들이지 않고 나만 실천하면 얼마든지 해나갈 수 있는 일이기에, 이 문장을 읽으며 더 용기를 낸다. 요즘은 금값이 상승하고 있어 금 테크라는 용어를 자주 접한다. 금 테크는 못 하더라도 기록 테크를 하면 어떨까. 나를 의미 있게, 내 인생을 더 의미 있게 만들어 주는 기록 테크. 지금 당장 뭐라도 기록해 보자. 오늘 들은 가족의 말부터 기록해 보면 어떨까. 〈우리 가족 말투 모음〉이라는 제목으로.

> **오늘의 한 줄 요약**
>
> 나를 의미 있게, 내 인생을 더 의미 있게 만들어 주는 '기록 테크'.
> 뭘 기록해야 할지 모르겠다면 우리 가족 말투부터 기록해 보자.

**07**

## 나를 채우는 글쓰기 일지

**유퀴즈에 출연한** 배우 이보영은 다이어리에 매일 일기를 쓴다고 했다. 칸이 넓지 않기에, 간단한 내용으로 수십 년째 쓴다고 했다. 진행자가 어떤 하루가 특별히 기억나는지 물었을 때, 이보영은 특별한 날이 아니라, 아무 일도 일어나지 않은 보통의 하루가 특별하다고 말했다. 그의 말을 듣고 짧게 하루 일기를 축약해서 쓸 수 있으니, 일기 쓰기에 부담이 없겠다는 생각이 들었다. 작년 1월 1일부터 나도 일기장이 아닌, 다이어리에 일기를 쓴다.

쓰기를 좋아해서 매일 쓰는 일지도 다양하다. 매일 쓰는 것도 있지만, 필요한 순간마다 찾아 쓰는 노트도 있고, 네이버 밴드에 나만의 카테고리를 만들어 기록하기도 한다. 우선 매일 쓰는 건 번호를 붙여서 쓰는 메모 수첩이다.

또 하루 일상을 간단하게 한 페이지에 5년 동안 기록하는 5년 일기장도 쓴다. 다이어리에 일기를 쓰고 있기 때문에, 5년 일기장은 일기라기보다는 그날 있었던 사건에 대해서 기록하는 기록장으로 쓴다. 올해 1월 1일부터 시작했는데, 벽돌 무게라 가지고 다니기가 어려워 집에 두고 매일 쓴다. 식사일지도 쓴다. '소식일지'라고 적혀 있지만, 소식이 생각보다 실천이 덜 되어 식사 일지라고 부른다. 식사 일지는 거창하지 않다. 날짜를 쓰고 하루 동안 내가 뭘 먹었는지, 간단하게 기록을 한다. 적으면서 몸에 해로운 음식을 먹은 날이면, 빨간 볼펜으로 다음에는 먹지 말아야겠다고 쓰거나, 맵고 짠 음식을 먹고 나서 속이 쓰렸다면, '이 음식을 먹으니까 이렇다. 다음에는 조심하자.'라는 반성도 담고, 먹어서 내 속이 편했던 음식에 대해 쓰기도 한다. 또 감사 일기를 매일 쓴다.

때때로 손으로 쓰는 노트는 더 잡다하다. 책을 읽다가 마음에 드는 낱말이나 문장을 적어놓는 문장 수집 노트, 우리 가족 말투를 기록한 우리 가족 말투 노트, 책 속 단락을 통째로 옮겨놓고 생각을 쓰는 메모 독서 노트, 필사 노트, 실수 일지, 글감 노트, 내 어록 노트, YS이야기(남편과 내 이야기), 가끔 아이들의 이야기를 쓰는 노트도 있다.

온라인으로 기록하는 건 더 종류가 다양하다. 네이버 밴드는 나만의 기록 공작소다. 다양한 카테고리를 만들고 역사를 기록한다.

일상에서 흘러가는 순간을 붙잡아두려고 한다. 글과 사진을 함께 저장할 수 있고, 언제 어느 때든 휴대폰 하나면 기록이 가능하니 편리하다. 주제별 카테고리를 만들어서 수시로 기록을 해나간다. 사진과 글은 휘발되는 게 아니라서 기록이 모이면 큰 재산이 된다.

건강한 부자 작가가 되고 싶어 고군분투한 내 역사를 담은 건부작 이야기, TV나 유튜브, 인스타에서 건강에 좋은 요리가 나오면 건강 요리에 저장해 두고 한 번씩 써먹는다. 덕질 이야기. 본업, 건강 정보, 남편이나 아이들이 나를 화나게 하거나 속 썩이는 일이 있을 때, 소리 지르듯 고발 카페 카테고리에 기록한다. 글쓰기 공부 자료, 독서 목록 기록, 김씨네 브이로그, 1일 1 가족사진, 우리 가족 이야기 금 보따리, 오늘의 발견, 오늘 문장, 날짜에 이름 붙이기, 영서 요리, 글감 노트, 아이디어 창고, 내가 들은 좋은 말, 좋은 영상, 찰나의 감동, 여행, 템플스테이, 걷기, 동시 습작 방, 에세이 책 자료 모음, 받은 것만 기억하자 등이다. 여기에 적지 않은 카테고리가 더 있긴 하다.

나는 분류하고 정리하는 걸 좋아한다. 카테고리 수가 꽤 많다. 이 중 '받은 건 기억하자!' 이 카테고리는 꼭 추천한다. 준 것은 기억하지 말고 받은 것은 꼭 기억하고 싶다. 마음이 따뜻해지기 위해서다. 은혜 갚는 까치가 되고 싶어서다. 준 것을 자꾸 기억하고 상대에게 바라면, 나는 이만큼 해줬는데 이 사람은 왜 내게 이렇게 안 해줄까 하는 섭섭함을 느끼게 된다. 기대감을 품고 있으면 돌아오는 건 실망임을 많이 느꼈기 때문에, 준 것은 주는 그 순간 잊어버리자고 마음먹는다. 받은 선물 사진을 간단한 메모와 함께 기록한다. 한 번씩 열어보면 받은 게 이렇게 많나 싶다. 수업하는 아이가 벼룩시장에서 샀다면서 건네준 작은 지우개 하나도 다 기록의 대상이다. 강추한다. 마음이 울적하거나 자존감이 떨어질 때, 들여다보면 나를 생각해 준 사람이 생각보다 많다는 것에 다시 힘을 내게 된다.

이 카테고리에는 받은 선물이 잔뜩 쌓여있다. 물질적인 선물만 있는 건 아니다. 내게 건네준 한마디, 나를 실물보다 더 예쁘게 그려준 수업하는 아이의 그림까지 다 들어있다. 어버이날 때 딸이 선물해 준 편지와 홍삼 스틱, 황분옥 마트 무료 대방출하신 시어머니 표 먹거리, 동생이 사다 준 갈비탕, 시어머니가 손수 짜신 수세미와 로즈 힙 차를 건넨 동료, 퇴직한 동료가 선물해 준 유기농 귤 잼, 가끔 가는 추어탕집 주인 언니가 내민 박카스 한 병, 이사 축하금으로 양가 식구에게 받은 현금 봉투, 집들이 선물로 받은 해바라기 액자, 빨간 머리 앤 시계. 덕질 인연이 선물해 준 각종 굿즈. 금손 동서가 만든 차량 방향제, 도자기 그릇, 딸 친구가 준 책갈피까지 가득하다.

　1호 팬이 준 미역과 마카다미아, 레드향, 스카프, 생일 때 조카가 선물한 립스틱과 큰 언니가 보내준 화장품, 남편 친구들이 준 케이크와 귤 한 박스, 친구들이 보내준 소고기, 영양제, 주전부리, 수첩, 수업하는 아이들의 어머니들이 선물해 주신 붕어빵, 꽃, 편지, 자두, 초콜릿, 커피, 작가님들이 보내주신 책, 남편이 몇십 년 만에 선물해 준 반지, 아들이 준 다이어리. 지하철역에서 지인이 사 준 1,500원짜리 캐모마일, 수업하는 친구들의 손 편지까지 다 내 마음을 촉촉하게 적셔준 선물들이다.

　하나하나 감동 아닌 선물이 없다. 100% 진심에서 한 선물인지, 어쩔 수 없이 의무적으로 한 선물인지 나는 알지 못한다. 그냥 전해 준 그 마음만 고맙게 기억하고자 한다. 다 적자니 끝이 없다. 사소한 것에도 감격을 잘하고, 감성이 풍부하면 자잘한 일상에서 행복을 느끼는 빈도가 커진다. 받은 것을 기록하는 이유도 여기에 있다. 선물을 받을 때의 그 기쁨을 오래오래 누리고 싶어서다. 별거 아닌 것 같지만, 지나고 나면 내가 하루하루 어떻게 살아가고 있는지를 엿볼 수 있는 소소한 즐거움이 된다. 오늘 다시 결심한다. 혹여나 내가 남에게 준 상처가 있다면 기억하고 용서를 구해야겠지만, 준 것은 잊어버리자고. 다른 사람이 나를 위해 준비해 준 그 마음만 꼭 기억하자고. 기억하는 가장 좋은 방법은 감동을 받는 것이라고 한다. 지식이 많은 친구들보다 감동을 잘하는 친구들이 일을 더 잘한다는 문장을 읽은 기억도 난다.

꼭 거창한 글쓰기를 하지 않아도 사진 하나에 한 낱말, 하나의 문장이라도 좋다. 매일 조금씩 다양하게 나와 가족, 타인과의 교감 속에서 나를 건드리고 간 것을 쓰다 보면 점점 채워지는 느낌이 든다. 신문에서 가장 일상적인 것이 가장 신선하다는 기사를 읽었다. 뭔지는 모르지만, 삶이 풍요로워지는 것 같고, 다채로워진다. 쓰기로 내 일상이 채워진다는 느낌이 들 것이다. 뭐라도 매일

글쓰기 일지 모음

쓰면서 글쓰기 몰입력을 키웠다. 쓰기는 평범한 인생을 바꾸는 쉽고 단순한 방법이다. 쓰는 만큼 삶이 채워지고, 삶에 날개를 달아 줄 걸로 믿는다. 쓰기는 온전히 나로 살아가게 한다. 뭐라도 매일 끄적여보자. 언젠가는 나만의 콘텐츠가 될 수도 있을 테니까.

네이버 밴드 주제별 카테고리 모음

> ### 오늘의 한 줄 요약
>
> 쓰는 만큼 채워진다. 뭐라도 쓰기.
> 예) 일기, 다이어리, 식사 일지, 문장 수집 노트, 우리 가족 말투 노트, 필사 노트, 실수 일지, 글감 노트, 내 어록 노트 등.

## Chapter 03

### 글쓰기는 새로운 환경을 만들어 준다

# 쓰기를 시작하면 인생이 재밌어진다

**작년 봄,** 지인이 전화 통화 중에 글을 쓰기 시작했다고 하셨다. 그분은 아이들에게 한자를 오래 가르치셨고, 나와는 띠동갑이시다. 평소 시를 즐겨 읽는다고 하시길래, 하루는 내가 그랬다.

"글을 써 보시는 건 어때요?"
"글은 쓰는 사람이나 쓰지 내가 무슨."
"에이, 글 쓰는 사람이 뭐 따로 있나요. 아무나 쓰면 되는 거죠."
"그래도 나는 못 쓴다. 읽는 것만 할란다."

쓰기에 대한 부담을 느끼셨던 것 같았다. 아침마다 명상하면서 생각도 많이 하신다길래, 그럼 그 생각을 적어보시든지, 아니면 오늘 하루 나를 스쳐 간 것 중에 내게 남은 말을 붙잡아서 짧은 토막글이라도 남기면 어떻겠냐고 말씀드렸다. 나는 다이어리에 일기를 매일 쓰는데, 일기장에 쓸 때보다 칸이 작으니까 쓰기에 부담이 없고, 쓰고 싶은 말을 정리해서 요점만 쓰니까 좋더라고 했다. 보통의 하루를 그냥 가볍게 써나가면 된다고 했다. 글은 못 쓴다고 매번 손사래 치시던 분이, 날마다 글을 쓰면서 그림까지 곁들인다고 자랑하셨다.

친구들에겐 글을 매일 쓴다고만 얘기했는데, 나한테는 그림까지 보여주고 싶더라고 하셨다. 공감대가 같은 사람에게 이야기해야 통한다고 활기찬 목소리로 얘기하셨다. 꼭 어린아이가 "나 잘했지?" 하고 엄마에게 칭찬받고 싶어 하는 것처럼, 기대감과 들뜬 목소리로. 나는 폭풍 칭찬해 드렸다. 너무 잘하고 계신다고. 쓰다 보니 쓸 말도 자꾸 생기더라면서, 글을 쓰게 만들어줘서 고맙다는 말씀도 해주셨다. 예전부터 그림을 그리고 싶었는데, 못 그리는 그림이지만 날마다 쓰는 글에 그림까지 더하니 더 좋다고 하셨다.

산수유를 그릴 때는 마음같이 그려지지 않아서 그리다 말고 집 앞 신천으로 뛰쳐나가셨단다. 직접 눈으로 보고 들어와서 다시 그렸다고 하셨다. 식물을 좋아하시는 분이라, 식물을 많이 그리셨고,

쓴 글에 그리고 싶은 그림까지 곁들이니 행복해하셨다. 주위에 글 쓰는 동지가 한 명 더 늘어서 흐뭇했다. 쓰는 사람이 점점 더 늘어 나면 좋겠다는 생각이 들었다. 오늘은 이분께 전화 한번 해봐야겠 다. 쓰는 사람으로 잘 살고 계신지. "무슨 일이든 글쓰기부터 시작 하라. 물은 수도꼭지가 흐를 때까지 켜지지 않는다."는 루이스 라 무르의 말에 공감이 된다.

나는 꼬맹이 시절부터 문구류를 좋아했다. 어른이 된 지금도 문 구류에 관심이 많다. 붕어빵을 좋아하는 누구는 붕세권에 살아서 좋다고 하는데, 문구점과 서점이 집 가까이에 있어서 얼마나 좋은 지 모른다. 요리사는 칼과 도마 등 음식을 수월하게 해주는 데 도 움이 되는 조리 도구에 관심이 많을 것이다. 나는 글을 매일 쓰고 자 하는 사람이라서, 글쓰기 도구에 애정이 많다.

황유진 작가님은《어른의 글쓰기》에서 필기구는 단순히 쓰는 도 구가 아니라, 온기를 나눈 '반려 사물'이 된다고 했다. 나 또한 수 첩과 펜은 내 반려 사물이 된 지 오래다. 수첩을 한 권 다 써 가면 다른 수첩을 고르러 문구점에 간다. 메모를 시작하고 처음 수첩을 골랐을 때는 손바닥보다 작은 앞뒤로 넘길 수 있는 스프링 수첩을 골랐다. 어떨 때는 두께가 있는 수첩을, 또 얇은 수첩을 고르기도 했지만, 메모를 오래 하다 보니 지금은 딱 내가 원하는 수첩 형태가 있다. 너무 두껍지도 얇지도 않은, 길이가 길지도 짧지도 않은, 스프링이 달리지 않은 메모 수첩이다. 지금까지 모아온 수첩을 보면 크기도, 색깔도 제각각인데, 어느 순간부터는 같은 종류의 수첩을 자꾸 고르게 된다. 펜도 마찬가지다. 뭉툭하게 써지는 펜이 있는가 하면, 부드럽게 술술 써지는 펜도 있다. 79호 수첩부터는 메모 수첩에 '기록이'라고 이름을 붙여줬다. 사물에 이름을 붙이니 더 정감이 간다. 이렇게 수첩과 펜을 고르는 것도 내게는 아주 소소한 재미 중에 하나다.

수첩을 좋아해서 최근 몇 년 전부터 여행을 가면 꼭 수첩을 사온다. 예전에는 기념품으로 냉장고에 붙이는 자석을 사 왔는데, 요즘은 수첩을 모으는 중이다. 문구류를 좋아하니까, 주변에서 수첩과 펜을 종종 선물해 준다. 생일 때 내 블로그 이름을 넣은 수첩을, 해외여행을 다녀오면서, 템플스테이를 갔다가 들른 문학관에서도 나를 위해 수첩을 고른 지인들. 하나씩 있는 건 쓰지 않고 모아 놓지만, 가끔 꺼내 보는 것만으로도 좋다.

인생은 날씨와 같아서 갑자기 어두워지기도 하고 소나기가 내리기도 한다. 소나기가 내리면 내리는 대로, 해가 짱짱하게 비추면 비추는 대로 그 나름의 맛이 있다. 글쓰기를 시작하면 인생이 새롭게 보인다. 어느 것 하나 허투루 지나가지 않고, '아, 이것도 글감이 되겠구나!' 하는 생각이 든다. TV를 보다가도, 남편한테 걸려 온 전화를 받다가도 훅 들어오는 낱말을 만난다. 며칠 전 저녁을 해 놓고 기다리고 있는데, 남편이 오지 않아 전화를 했다. 남편은 한산도 횟집에서 친구와 술을 마신다며 혼자 저녁을 먹으라고 했다. 전화를 끊고 나서 '한산도라? 이순신 장군은 그곳에서 나라를 지켰는데, 당신은 아내도, 자기 몸도 안 지키고 거기서 뭐 하냐고' 썼다. 건강 관리가 필요한 몸인데, 요즘 그러지 않고 있어서 글로나마 소심한 복수를 했다.

동네를 산책하다 고양이를 찾는 전단지를 만나도, 복작거리는 지하철 안에서 바나나우유를 쪽쪽 빨며 과자를 부스럭거리며 먹는 여학생의 모습도 다 글감이 된다. 글을 쓰고자 마음먹으면 인생이 지루할 틈이 없다. 어제는 아파트 베란다에서 지상에 주차한 차 쪽으로 걸어가는 70대로 보이는 부부를 내려다봤다. 문득 '나란히'라는 말이 떠올랐다. 남편분이 앞서고 뒤에 아내분이 따라가셨다. 수첩에 "나란히, 그게 뭐 그리 어려운 일이라고, 왜 아버지들은 먼저 가나?"라고 썼다. 언젠가는 여기에 살을 붙여 한 편의 글을 완성해 보겠다고 마음먹으면서.

어느 책에서 우리 같은 보통 사람도 얼마든지 어록을 남길 수 있다며, 자신의 어록이 될 말을 미리 메모해 두면 된다는 문장을 읽었다. 하루는 '김영서 어록'이라고 어록 수첩을 만들고 바로 어록을 써 보았다. "술에 빠지면 공허한 인생이 되지만, 기록에 빠지면 빛나는 인생이 된다."라고.

아들이 군대에 갔을 때 일이다. 2020년 육군으로 입대했는데, 입대자와 그 가족이 가입할 수 있는 '더 캠프'라는 앱에 가입을 했다. 지금도 있는지는 모르겠지만, 훈련소에 있을 때 온라인으로 편지를 쓰면 그 편지를 출력해 아들에게 전달을 해준다고 했다. 평소 살가운 말을 대놓고 잘 못했던 터라, 글로 표현하면 되겠다 싶었다. 더 좋았던 것은 군과 연계된 업체인지는 알 수 없었지만, 앱을 구석구석 살펴보니 훈련소를 마칠 때 신청하면 이 편지를 묶어 한 권의 책자로 만들어 주는 프로그램도 있었다. 사진도 첨부 가능하고, 장수에 따라 비용이 달라지는데, 내가 묶은 책은 3만 원이 안 됐다.

사진도 가끔 넣어서 편집했고, 한 권의 책으로 탄생했다. 아들이 군대에 갔을 때는 한창 코로나가 심할 때라, 아들을 데려다줄 때도 훈련소 안에는 못 들어가고, 입구에서 들여보내야 했다. 그동안 전하지 못했던 마음을 편지에 썼다. 무뚝뚝한 아들은 책으로 엮어진 편지를 보고도 특별히 어떤 말을 하지도 않았다. 딸과 다르게

아들 훈련소 때 '더 캠프' 앱에 쓴 편지로 탄생한 책

이럴 때 격하게 표를 안내서 서운할 적도 있지만, 한 권의 책으로 만든 것에 만족했다. 훈련소에 아들을 보내고 나서 걱정되고 궁금한 마음을 쓰기로 달랬다. 쓰다 보니 그 시간이 짧게 느껴지기도 했으니까.

   가끔은 쓰기 환경을 바꿔주는 것도 괜찮다. 보통 같은 장소, 같은 시간에 쓰라고 하는데, 그게 잘 안될 때가 있다. 그동안 노트북이나 노트에 글을 써 오다, 올해 2월에는 작은방에 놓인 오래 묵은 일체형 컴퓨터를 켜고 글을 썼다. 자판을 치는데 타닥타닥 소리가 나고, 내가 쓰는 노트북보다 시야도 좋고 이상하게 글이 술술 쏟아졌다.

  세상은 꽤 자주 내가 생각지도 않은 방향으로 흘러간다. 드라마 다음 편이 기대되듯, 한 치 앞을 모르는 게 인생이라서 더 기대가 되고 재미있는지도 모르겠다. 잘 쓰고 못 쓰고는 생각하지 말자. 쓰기의 즐거움을 당신도 느꼈으면 좋겠다. 쓴다는 행위 자체가 중요한 거니까. 날마다 일어나는 잡다한 일 가운데 뭐라도 쓰기로 연결시키면 인생이 지루하지 않고 재밌어질 수밖에 없으니까.

> **오늘의 한 줄 요약**
>
> 재밌는 인생을 꿈꾼다면 글을 쓰자. 잘 쓰고 못 쓰고는 중요하지 않다. 날마다 일어나는 잡다한 일 가운데 뭐라도 쓰기로 연결시키자!

## 밥은 굶어도 배우는 건 못 참지

"죽을 때까지 공부해라. 여자도 돈을 벌어야 한다. 그리고 여자로서 행복해라."

**교육열이** 남달랐던 신달자 시인의 어머니가 신달자 시인이 도시로 공부하러 떠날 때, 버스 정거장에서 세 가지 당부를 했다고 한다. 2021년 3월 27일 자 조선일보에 실린 신달자 시인의 기사이다. 나도 그러고 싶다. 죽을 때까지 공부하고, 돈을 벌고, 여자로서 행복하게 살고자 한다.

신달자 시인은 "엄마는 기역 자도 모르는 사람이었지만, 나에겐 가장 좋은 스승이었다."고 했다. 신달자 시인의 어머니께서는 깨어 있는 분이었나 보다. 그러나 우리 친정엄마는 내가 대학에 가려고 할 때도 취직이나 하라고 했다. 여자는 적당히 벌어서 시집이나 잘

가면 된다는 그런 마인드였다. 집이 가난했던 탓도 있었지만, 신달자 시인의 어머니처럼 교육열이 있지는 않았다. 내가 초등학교 다닐 때, 아이템플이라는 시험지가 유행했다. 남동생과 세 살 터울인데, 나도 하고 싶다고 했지만, 엄마는 남동생만 시켰다. 시험지가 오면 동생은 하기 싫어했고, 내가 동생 대신 하기도 했다. 이때부터였는지 조금씩 배움의 욕구 같은 게 싹텄다. 그렇다고 공부를 좋아한 학생은 아니었다. 여기서 배움이란 오로지 내가 좋아하고 관심 가는 분야에 한해서다.

어린 시절 에피소드도 생각나면 글로 남겨 놓는다. 쓰다 보면 '아, 그때 내 감정이 이랬구나' 싶다. 그땐 엄마가 미웠고, 아들만 챙기는 엄마가 이해되지 않았으며, 불평하는 마음이 컸다. 지금은 두 아이를 키우면서 과거 엄마 나이가 되고 보니 좀 이해가 가기도 한다. 그때 우리 엄마는 얼마나 고단했을까. 지금이야 클릭 몇 번으로 다음 날 새벽이면 먹거리가 문 앞에 와있고, 배달 문화도 천국이니 생활이 편해졌다. 둘 키워도 신경 쓸 일이 허다한데, 엄마는 없는 집에서 5남매를 키웠으니 오죽했을까. 엄마가 다 이해되는 건 아니지만, 글을 쓰면서 그때의 엄마를 조금씩 이해하게 된다.

자라면서 결핍이 많았다. 배움에 자꾸 눈길이 갔고, 지적 호기심을 채우면서 결핍도 채워나간 게 아닌가 싶다. 결혼 전 어렵게 대학을 졸업하고 직장 생활을 하는 동안에는 뭘 배운다는 생각을 못 하고 살았다. 하루하루 살아가기에 급급했고, 현생에 지쳐서 배움을 갈구하지 않았다는 표현이 더 맞겠다.

아파트에서 신혼살림을 시작했고, 큰아이가 돌 되기 전에 주택으로 이사를 갔다. 작은 아이가 세 살 무렵이었다. 주변에 젊은 새댁이 별로 없었고, 젊은 새댁이라고 해봐야 동네에 가게를 하는 이웃 셋뿐이었다. 셋은 이미 친분을 쌓아 온 지 오래되어 새내기인 내가 끼어서 같은 정을 나누긴 어려웠다. 한두 번 함께 만나기는 했으나 외로움을 느꼈다. 지금처럼 SNS 문화가 활성화되지 않은 시절이었다. 일기는 썼으나 책과 글쓰기에 빠져 있지도 않을 때였다. 남편 출근시키고, 큰아이 어린이집 보내고 나면 작은 아이와 종일 씨름했다. 한번은 잠든 세 살 된 딸아이를 안고 있는데, 눈물이 뚝뚝 떨어졌다. 그 눈물이 외로움인지, 무료함인지, 지금 생각하면 우울증이었지 않나 싶다. 지금처럼 글쓰기와 책 읽기에 몰입했더라면 그렇게 눈물이 나지는 않았을 텐데.

우울해하고 있을 무렵, 남편의 친구 아내가 집에 놀러 왔다. 그녀는 나에게 세 살짜리 딸을 맡기고 배울 수 있는 곳이 있다고 했다. 바로 여성회관이었다. 우리 집까지 오가는 셔틀버스도 있고,

수강료는 월 만 원이며, 오후 1시까지 아이도 봐 준다고 했다. 세상을 다 얻은 기쁨에 당장 알아봤다. 우선 평소 관심이 있었던 한식 조리사 자격증반에 등록했다. 내 배움의 시작이었다. 세상 밖으로 나올 수 있던 계기였고, 배움이 이토록 재밌다는 사실을 그때 처음 맛보았다. 그게 시작이 되어서 지금껏 자기계발이 취미인 사람이 되었다. 나를 세상 밖으로 꺼내 줬던 그녀는 정작 아이가 초등학교 입학을 앞둔 시점에 위암 말기로 세상을 떠났다. 지금 생각해보면 우울함에서 나를 구해준 은인이라고 해도 무방하다. 은미 씨에게 고맙다는 인사를 전하고 싶다.

한식 조리사를 시작으로 배움은 계속되었다. 양식, 중식, 일식, 제과, 제빵 각 4개월짜리 수업을 차례대로 들었다. 한식, 양식, 중식은 조리사 자격증까지 취득했다. 그 후 1년간 독서 지도 관련 수업을 들으면서 자격증을 땄고, 다음 해 지역아동센터 독서 지도 교사가 되었다. 아동센터를 다니면서도 계속 배움을 이어 나갔다. 도서관에서 독서심리 상담사 자격증 수업을 들었다. 그림책 한 권이 사람의 마음을 치유할 수 있다는 경험을 했다. 가족, 가난, 정서, 대인관계 등 상황별 그림책을 다루며 내 감정을 더 깊이 들여다보는 계기가 되었다. 스스로 위안을 받은 시간이었고, 나도 이렇게 그림책을 통해 '치유'를 경험하게 해주는 사람이 되고 싶다는 꿈을 풍기도 했다.

    도서관에서 역사 수업을 듣고선 역사에 푹 빠졌다. 아동센터에서 한 아이가 공부를 하다 뜬금없이 물었다.

"선생님, 이순신 장군이 조선 시대 사람이죠?"
"응, 그렇지."
"진짜, 조선 시대 사람이에요?"라고 재차 강하게 물었다. 속으로 '조선 시대 사람 맞는데, 혹시 고려 시대 사람인가?' 순간 혼돈이 왔다. 검색해 보니 조선 시대 사람이 분명했다. 부끄러웠다. '명색이 독서 지도 교사가 이순신 장군이 조선 시대 사람인지 아닌지를 헷갈린다는 게 말이 돼?' 순간 한국사를 공부해야겠다고 결심했다.

    그때까지 한국사는 나와 거리가 먼, 지루한 과목이었다. 배울 수 있는 곳을 물색하니, 마침 도서관에서 스토리텔링 한국사 수업을 개강한다는 거였다. 그 길로 수업을 들었고, 신문물을 만나듯 역사가 새롭고 재미있게 다가왔다. 학교 다닐 때 대체 뭘 배운 거지? 교과서로 배울 수 없었던(배웠어도 내가 기억을 못 한 거겠지만) 재미난 이야기로 수업을 접하니 역사에 흥미도가 급상승했다. 역사에 빠져들고 나서는 EBS 강의와 역사 선생님들의 다양한 유튜브

강의도 섭렵했다. 내친김에 한국사능력검정시험에 도전해 보고 싶은 욕심이 생겼고, 2017년 8월 1급에 합격했다. 작년부터는 '벌거벗은 한국사'를 1회부터 정주행했고, 올해 5월 어린이날 132회까지 정주행을 끝냈다. 이제는 '벌거벗은 세계사'를 정주행하는 중이다. 혼자 놀아도 책 읽고, 글 쓰고, 역사 프로그램도 봐야 하니 지루할 틈이 없다.

아동센터 다닐 때, 퇴근하고 나서는 대학교 평생교육원에서 NIE(신문활용교육) 수업을 들었다. 저녁 7시부터 밤 10시까지였다. 퇴근 후 바삐 가느라 저녁을 굶고 갔는데, 수업시간이 어떻게 흘러가는지 모를 정도로 재밌었다. 신문에 눈뜨기 시작한 첫걸음이었다. 신문으로 할 수 있는 다양한 수업에 놀랐고, 아동센터 수업에 바로 적용했다. 2011년 3월 25일 금요일, NIE 수업 전 수첩에 '지적 욕구'라는 제목으로 메모를 남기기도 했다.

"바람을 가르며 허기진 지적 욕구를 채우기 위해 부지런히 달려온 길. 낮에는 그렇게 졸립더니 형광등 아래, 책상 앞에 앉는 순간 정신은 또렷해진다. 주린 배를 채우듯 오늘도 그득그득, 배가 부르도록 지성미에 물을 듬뿍 줘야겠다."

이 배움 덕분에 2012년, 2013년에는 초등학교에서 NIE 수업으로 학부모 재능기부 수업을 했다. 한 해에 두 학년씩, 총 48시간이었다. 처음 학교에서 재능기부 수업을 한다고 했을 때는 부담감이 컸다. 내성적이고 소심한 성격에, 그 많은 아이를 잘 케어하면서 무사히 수업을 끝낼 수 있을까 걱정했다. 시작해 보니 어떻게든 다 해내게 되고, 긴장되고 낯선 경험이었지만 나를 성장시키는 데 큰 몫을 했다고 생각한다. 나중에 시간이 되면 다시 재능기부 수업을 해볼 작정이다. 내가 가진 하찮고 조그만 재능이라도 어딘가에 쓰일 수 있다면, 그것만으로도 충분히 보람된 일이기 때문이다. 한 번도 해보지 않은 낯선 도전을 통해 우리는 알게 모르게 조금씩 더 단단해지는 게 아닐까 싶다. 재능기부가 끝나고 나서 학교에서 봉사상 대상자로 추천해 주셔서 봉사상을 받게 되었다. 가족봉사단에서도 활동을 하고 있었던 터라, 그해 자원봉사자 대회에서 구청장님 상을 받았다.

끼니를 걸러도 배우는 게 재밌던 순간, 밥을 제때 먹지 못해서 허기질 때가 많았다. 나한테 배움이 차곡차곡 쌓일 때마다 성장하는 느낌이라서 정신은 항상 충만했다. 그 배움을 지금처럼 블로그에 다 기록을 해놨더라면 한눈에 훑어보기도 좋고, 든든한 내 역사로 남았을 텐데, 그때는 블로그 휴식기여서 아쉬움이 크다. 그나마 사진과 수업 자료는 지금껏 다 보관 중이다. 빼곡하게 필기한 노트를 보면 그때 열심히 수업을 들었던 기억이 생생하다.

며칠 전 도서관 글방 모임에서 만난 회원 한 분은 산후 도우미로 일하신다. 보건소와 도서관 여러 군데서 동아리 모임을 11개나 하고 있다고 하셨다. 일도 하는데 그 많은 걸 어떻게 다 소화하시냐고 물었다. 대부분 월 1회 모임이고, 어차피 퇴근하면 TV를 보는데, 그 시간에 TV를 안 보고 나오면 된다고 했다. 배움의 욕구가 대단하시다 싶었다. 배움은 시간의 문제가 아니라, 이 또한 마음의 문제구나 싶어서 존경스러운 생각이 들었다. 《학문의 즐거움》의 저자 히로나카 헤이스케는 이렇게 말했다.

"창조(공부)하는 인생이야말로 최고의 인생이다. 창조는 결코 학자나 예술가의 전매특허가 아니다. 우리의 일상생활 속에서 부단히 쌓아올려야 하는 것이다. 창조하는 즐거움, 기쁨, 그것은 자기 자신 속에 잠자는 전혀 알지도 못했던 재능이나 자질을 찾아내는 기쁨, 자기 자신을 보다 깊이 인식하고 이해하는 기쁨이다."

나 또한 그렇다. 독서 논술을 배우지 않았더라면 내가 이런 일에 흥미가 있고, 가르치는 일이 잘 맞는지 몰랐을 것이다. 도서관에서 스토리텔링 한국사를 배우지 않았더라면 역사는 여전히 지루하고 따분하다고 인식하고 있을 테고, 독서심리상담과 그림책 읽기를 배우지 않았더라면 그림책 한 권으로도 치유가 된다는 사실, 또 그림책에 재미와 효용을 덜 느끼고 살아가고 있을지도 모른다. 동시를 배우지 않았더라면 '동시인'이라는 이름도 못 가졌을 것이다. 이 모든 배움을 통해서 내가 스토리를 좋아하는 사람이고, 책과 글쓰기와 관계된 일을 좋아하는 사람이구나를 좀 더 확실히 알게 되었다. 요즘 제일 관심사는 글쓰기다. 글쓰기 책을 읽으면 앞으로 나아갈 힘을 제일 많이 얻는다. 죽을 때까지 정신만 또렷하다면 배움을 멈추지 않을 작정이다.

"배우는 것은 무엇인가를 알아내는 것이 아니다. 그것은 당신이 이미 알고 있던 것을 발견하는 일이다." 리처드 발러스의 말이다. 배움은 내가 모르고 있던 것을 알아가는 일이라고 생각했는데, 이미 알고 있던 그것을 발견하는 일이라니, 배움에 대한 새로운 시선을 알아간다. 좌절할 때마다 새로운 배움이 나를 일으켜 세웠다. 여기서 주저앉지 말고 지금까지 잘해 왔으니 앞으로도 잘할 거다. 배움은 내게 던지는 스스로의 위안 같은 거였다. 삶이 무료하거나 힘들다면 배울 거리를 찾아보면 어떨까. 그 배움을 기록해 보자. 보다 삶이 더 그럴싸해질지도 모른다.

### 오늘의 한 줄 요약

삶이 무료하거나 힘들다면 배울 거리를 찾고 그 배움을 기록해 보자. 새로운 배움이 나를 일으켜 세울 것이다.

# 글쓰기 동력을 끌어올리는 방법

**토요일 아침,** 기분이 멜랑꼴리했다. 이틀 전 책모임 토론 도서와 수업 필독서를 주문했고 다 읽지도 못했는데, 장바구니에 담아둔 기록에 관한 책을 질러야겠다고 생각했다. 블로그 이웃이 출간한 책 한 권과 기록을 다룬 책을 주문했다. 종일 혼자 있는데도 집중이 안 됐다. 수업하는 아이들의 수업시간을 조율하느라 진을 좀 뺐고, 도서관에 책 한 권 빌리러 간 게 다인 하루였다. 나는 병렬 독서를 하는 편이다. 수업 필독서도 읽어야 하고, 책모임 토론 도서에 분기별 나오는 동시 계간지와 동시집, 내가 읽고 싶은 책도 틈틈이 읽어야 하니, 한꺼번에 여러 종류의 책을 읽게 된다. 토요일 오전에 주문한 책이 저녁 7시~9시 사이 도착한다고 했다. 선물을 기다리는 아이처럼 저녁 7시가 넘어가자, 책이 언제 올지 기다려졌다.

글쓰기 동력을 끌어올리는 일 가운데 하나는 책 읽기다. 그중 쓰기와 기록에 관한 책을 읽으면 어서 쓰고 싶어 몸이 안달 난다. 글쓰기 책이라고 하더라도 어떤 책은 술술 잘 넘어가지만, 어떤 책은 따분하고 어렵게 느껴진다. 그런 책을 만나면 뛰어넘기를 한다. 계속 기억하고 싶은 내용은 블로그 글쓰기 공부 카테고리에 올려놓는다. 책을 펼치지 않아도 언제든 제목만 보고도 글쓰기에 도움을 받을 수가 있어서 좋다. 글쓰기 관련 책은 밑줄 친 문장을 타이핑해서 따로 모아둔다. 수시로 읽으며 열심히 써야겠다는 마음을 다지기도 한다.

블로그 이웃님의 책부터 몇 꼭지 읽었다. 어쩜 이렇게 책을 잘 쓰셨을까? 책 집필 중에 읽었던 터라 부러움을 느꼈다. 다음으로 기록에 관한 책을 펼쳤다. 어떤 사람은 책에 밑줄 긋는 것을 너무 싫어한다고 한다. 나는 밑줄을 긋거나 메모를 하면서 읽어야 한약 한 포를 흡수하듯 제대로 내 것으로 소화가 된다. 도서관에서 빌려 읽기도 하지만, 책에는 욕심을 좀 내는 편이다.

유명 작가님의 강연을 듣거나 북토크 참여도 도움이 된다. 글쓰기 동력을 끌어올릴 뿐만 아니라 덤으로 얻는 게 상당하다. 작가님의 이야기를 듣다 보면 '내 세계는 참 얄팍했구나' 싶고 우물 안 개구리인 내 세계를 넓히고 확장시키는 일이 된다. 동시에 "이런 거

한번 해보세요."라고 추천해 주시는 아이디어를 들으면 바로 실행을 해보는 편이라 성장에 탄탄한 거름을 얻어오기도 한다.

《이상하고 아름다운 나의 N잡 일지》를 쓴 서메리 작가님의 강의를 들으러 갔을 때 일이다. 작가님이 강연을 다 마치고 청중들의 질문을 받았는데, 마이크 공포증이 있는 내가 무엇에 홀렸는지 그날은 손을 번쩍 들고 질문을 했다. 선물로 작가님이 사인한 책을 받았다. 손을 든 청중 중에는 나 포함 3명이나 도서관 글쓰기 모임 멤버였다. 서로 자리도 달랐고, 질문하자고 약속도 하지 않은 상태였는데, 글을 쓰다 보면 궁금증도 많아지나 싶기도 했다. 강연 후 사인회 시간에는 한 박스 분량의 메모 수첩 활용법에 대해 작가님께 물었다. 수첩을 보여 달라고 하시길래, 쓰고 있는 수첩을 보여 드렸더니 "블로그에 올리세요."라고 하시면서 "수첩에 있는 내용을 찍어 올리세요. 이것 자체로도 아주 좋은 콘텐츠가 되겠네요."라고 말씀하셨다. 작가님께 수첩을 보인 건 처음이었다. '그동안 내가 한 메모가 헛되지 않았구나!' 하고 인정받은 느낌을 받았다. 이 책 집필을 다 끝내면 한번 시도해 봐야겠다고 마음먹었다. 자료 정리를 한다고 1호 수첩부터 다시 다 훑었는데, 꽤나 쓸모있는 내용이 많았다. 서메리 작가님 북토크를 다녀온 이날은 메모를 한층 더 열심히 해야겠다는 생각과 함께 N잡에 대한 불이 반짝 켜진 날이었다.

　블로그나 브런치에 글을 쓰는 방법도 있다. 브런치는 블로그보다 조금 더 정돈된 느낌이 들고, 글쓰기 고수들만 모인 곳이라 글 한 편 써서 올리기가 더 신중해진다. 아이들이 초등,중등 때만 해도 한 번에 여러 가지 일을 잘 수행했는데, 지금은 한꺼번에 다양한 일을 동시에 잘 처리하기가 점점 버겁다. 하면 잘해야 된다는 생각에 브런치에 글 한 번 올릴 때마다 많은 시간이 소요된다. 꽤 오래 빈 집으로 놓아뒀는데, 얼마 전 다시 문을 열었다. 다양한 읽을거리를 준비해 놓고 손님을 맞아야겠다고 생각했다. 브런치보다 더 편하게 글을 올리고 접근할 수 있는 건 블로그다.

　블로그에서 다른 이웃 글을 읽으면서도 자극을 받는다. 글이 너무 좋을 땐 '어떻게 이런 글을 쓸 수 있지?' 부러움을 느끼면서 '나도 이렇게 쓸 수 있으면 좋겠다. 글쓰기 공부를 더 해야겠다. 글을 더 많이 써야 글이 늘겠다.'라는 반성을 하게 된다. 또 '저렇게도 쓸 수 있구나!' 하며 다양한 글쓰기 아이디어를 얻기도 한다.

　지금은 새벽 기상이 버킷리스트 중 하나지만, 새벽 기상을 열심히 할 때도 있었다. 블로그 이웃이신 oo님이 자기계발을 실천할 이웃을 모았다. 한 달 동안 했다. 이루고자 하는 목표를 정한 다음에 실천 여부를 단톡방에 올렸다. 그때 나는 새벽 기상과 모닝 독서를 하겠다고 했다. 새벽 4시나 5시에 일어나 책을 읽고 필사를 했다. 그때 알았다. 새벽에 일어나서 책 읽고 글 쓰는 사람이 많다는 것을. 블로그에서 만난 S 작가님께 글쓰기 피드백을 받기도 했다. 에세이를 한 편씩 써서 일주일에 2회 첨삭을 받았다. 한 달 과정이었고, 작가님께 글 근력이 있다는 칭찬을 받았다. 책 쓰기에 도전해도 되겠다는 말도 덤으로. 아마 그때가 시작이었던 것 같다. 내 이야기를 담은 책을 써 보고 싶은 마음이 들었던 때가.

함께하는 책 모임과 도서관 글 모임도 쓰는 사람으로 살아가는 데 힘을 얹어 준다. 책 모임은 책만 읽지 않고 대마도로 역사기행도 가고, 영화, 음악회, 뮤지컬도 보고, 맛집이나 예쁜 카페를 찾아 떠나기도 한다. 올해 6월에는 서울국제도서전에도 함께 가기로 했다. 만난 시간이 오래되다 보니 기쁜 일, 슬픈 일, 재미난 일 등을 함께 공유하며 익어가는 중이다. 17년 전 처음 만났을 때는 모임 멤버의 아이들이 전부 초등학생이거나 미취학 아동이었다. 어느덧 대학생이 되고, 군인이 되고, 회사원이 되고, 선생님이 되었다. 한 달에 한 번 만나지만, 17년 동안 많은 역사를 같이 썼다. 삼십 대에 만났는데, 지금은 모두 오십 대가 되었다. 앞으로 17년 더 오래오래 함께했으면 좋겠다. 그때는 여기저기 아프다는 소리가 주가 되지는 않을지 걱정이긴 하지만 말이다.

매월 1회 집 앞 마을도서관 글 모임에도 참석한다. 이름도 예쁜 '달빛글방모임'이다. 매월 주제가 미리 정해지지만, 마감이 글을 쓰게 하는지 꼭 닥쳐야 글이 나온다. 자기 작품을 돌아가면서 읽고 이야기를 나눈다. 다른 회원의 글을 보고 감탄도 한다. '어쩜 저렇게 시적으로 쓸 수 있지? 아, 나도 저 생각 했는데, 나는 왜 글로 쓸 생각을 못 했을까?' 생각하게 된다. 보통 5~6명 정도 모이는데, 살아가는 이야기를 듣는 게 재밌다. 특히 작년 10월은 '나답게 사는 것'에 대해 많은 이야기를 나눴다. 나답게 떠나는 여행지 나주 영산강 마라톤, 템플스테이 내소사, 직지사, 연곡사 이야기, 한 달에 한 번 내게 선물을 보낸다는 회원의 아이디어까지 듣다 보면 '아, 이런 주제로 글을 쓰면 좋겠다.' 하며 글감이 생겨나기도 한다.

네이버 오디오 클립을 습관처럼 듣는 것도 글쓰기 동력을 끌어올리는 데 좋았다. 1강부터 50강까지 있는 '글쓰기 상담소' 강의를 현재 열아홉 번째 반복해서 청취 중이다. 이왕 이만큼 들은 거 스무 번까지 듣고 마침표를 찍으려고 한다. 흘려듣기를 하는 편이라, 열아홉 번 듣는데도 가끔은 '어, 이런 내용이 있었나?' 새롭게 다가올 때가 있다. 같은 강의를 왜 이만큼 듣느냐고, 그만 들어도 되지 않느냐는 말도 들었다. 여러 번 듣다 보니 이제는 어느 대목에서 어떤 말을 할지 기억이 나기도 한다. 그럼에도 반복하는 이유는 앞서 말했듯이 흘려듣기를 하기 때문이다. 주로 화장이나 요리, 설거지를 할 때 틀어놓는다. 산책을 하며 듣기도 한다. 이미 아는 내용임에도 어느 날은 이 주제가, 또 어느 날은 다른 주제가 들어온다. 글쓰기를 열심히 할 때는 같은 내용이라도 내 몸에 더 흡수가 잘된다. 이럴 때는 이렇게 쓰는구나 하고.

수업하는 친구들에게도 자주 하는 말이지만, 글은 쓰는 만큼 느는 것 같다. 타고난 작가가 아닌 이상에는 많이 쓰는 사람을 따라갈 방도가 없는 듯하다. 수업하는 친구 중에도 유독 글을 잘 쓰는 6학년 아이가 있다. 글쓰기 대회에 나가서 상도 많이 받는 친구인데, 들여다보면 그 아이는 쓰기를 귀찮거나 어렵게 생각하지 않는다. 쓰기 자체에 거부감이 없고, 쓰기를 좋아하니, 평소 자주 뭔가를 쓴다. 글쓰기 실력이 늘 수밖에 없다.

글쓰기에 부담을 느낀다면 감사 일기 몇 줄부터 시작하자. 다른 일도 그렇지만, 글쓰기는 더더욱 스스로 그 힘을 끌어올려야 되지 않을까 싶다. 우리 안에 잠자고 있는 그 무언가를 믿어보자.

**오늘의 한 줄 요약**

**글쓰기 동력을 끌어올리는 방법**
-글쓰기, 책 읽기, 작가님 강연 듣기, 북토크 참여, 책 모임, 글 모임 참여, 네이버 오디오클립 '글쓰기 상담소' 듣기

# 사소한 이벤트, 소소한 삶의 재미

　　　　　　　나는 이벤트 기획하는 걸 좋아한다. 올해 첫 이벤트는 2월 현수막 이벤트다. 아들과 딸이 대학을 졸업하고 사회인이 되었다. 둘 다 새출발을 하니, 구구절절 긴 말 하지 않고 내 마음을 전하는데 현수막이 딱이겠구나 싶었다. 뭐라도 해주고 싶은 마음이었다. "너희의 빛나는 내일을 응원해." 지인이 근무하는 장애인 작업장에 현수막을 주문했다. 아침에 주문하고 저녁에 받아서 다음 날 거실에 걸어두었다. 아들은 몰래 사진을 찍었는지 어쨌는지는 모를 일이고, 현수막에 대해서 어떤 반응도 내보이진 않았다. 미리 사진을 찍었을 수도 있었다. 아들이 대학 졸업식 때 받은 꽃을 화병에 꽂아 식탁에 두었는데, 설거지할 때 슬쩍 뒤돌아보니 사진을 찍었으니까. 딸은 현수막 하나 걸었을 뿐인데, 또 나더러 귀여운 엄마라고 칭찬을 해준다.

올해 3월, 남편 생일에도 풍선과 함께 현수막을 걸었다. 딸은 나더러 이벤트의 여왕이라고 치켜세웠지만, 이 말을 듣기엔 턱없이 부족하다. 지인에게 이런 이벤트를 했다고 얘기했더니, 남편 생일에 자기도 해봐야겠다고 했다. 그 후 지인은 남편 생일에 현수막을 걸어주고 생파를 했더니 남편이 굉장히 기뻐했다는 말을 했다. 이런 이벤트는 돈을 얼마 들이지 않고도 기억에 남는 생파를 할 수 있는 방법이다. 여기서 팁이라면 현수막에 날짜는 쓰지 않는다. 다시 재탕할 수도 있으니까.

올해 4월 초에는 가족회비 통장도 만들었다. 지인이 해보니까 좋더라며 추천을 해주었다. 가족 네 명이 매달 10만 원씩 모으기로 했다. 내가 임의로 남편과 나, 아들, 딸, 차례대로 회비 금액을 정했더니 남편이 웃으며 반발했다. 지금까지 자기 돈으로 다 밥 사주고 했는데, 왜 자기가 더 많이 내야 하냐며 4명 다 똑같이 내야 한다고 했다. 결국 막내인 딸만 올해까지 만 원을 내기로 하고, 남편과 나, 아들은 똑같이 3만 원씩 내기로 했다. 수시로 찬조도 받는다고 했다. 뭐가 됐든 작은 거 하나라도 가족과 함께할 수 있는 거리를 자꾸 만들려고 애쓰는 중이다. 회비 모아서 맛난 밥도 먹고 여행 갈 때 쓰자고도 했다.

가끔 어떤 이벤트를 할까 궁리를 하는데, 내가 이런 걸 왜 하는

지 곰곰이 생각해봤더니, 대충 다섯 가지로 정리된다.

　첫째, 감동을 주고 싶어서다. 감동을 하면 엔돌핀의 4,000배 효과인 다이돌핀 감동 호르몬이 나온다고 한다. 둘째, 내가 당신을 이만큼, 혹은 이렇게 생각하고 있다라는 것을 알려주고 싶어서이다. 셋째, 내가 잘하는 것으로 다가가고 싶은 이유다. 넷째, 나로 인해 그날, 그 순간이 좀 더 기억되기를 바라는 마음이 크다. 마지막으로 내가 더 행복해지기 위해서 소소한 이벤트라도 즐겨 하는 듯하다.

　살면서 우리는 종종 이별을 겪기도 한다. 준비된 이별도 있겠지만, 어떤 경우든 항상 아쉬움과 안타까움이 남는다. 나는 말로 '사랑한다,' '좋아한다.'는 표현을 잘 못한다. 그러기에 보여주는 식으로 표현하고 싶어서 선택한 게 이벤트다.

　그동안 내가 기획한 소소한 이벤트 몇 가지를 소개해 보려고 한다. 이벤트라고 해서 거창하지는 않다. 똥손이라 손으로 만드는 건 못한다. 그렇다고 기발한 아이디어가 있는 것도 아니다. 주로 남의 손을 빌리는 현수막 이벤트를 하는 편이다. 아들이 군대에 갈 때는 미처 현수막을 생각하지 못했다. 이때는 아들 방 옷장에 풍선을 달고 응원 문구를 써서 붙였다.

이벤트 기획물들

"쫄지 말고! 기죽지 말고! 다치치 말고! 까불지 말고! 그동안 집은 엄마가 지킨다!"

딸에게는 생일 현수막 이벤트가 여러 번이다. 어디로 튈지 모르는 아이이고, 누구보다 힘든 사춘기를 보냈기 때문에, '엄마가 널 아끼고 있다.'라는 메시지를 주고 싶었다. 딸아이에겐 서프라이즈 생일 이벤트가 더 있다. 스물한 살 생일 때였다. 생일잔치에 빠질 수 없는 현수막을 역시나 주문했다. 딸이 아르바이트 간 사이에 부지런히 풍선을 불어서 장식을 했다. 줌 수업을 들어야 했기 때문에, 수업을 받는 방에서 노트북을 펼쳐놓고 준비를 했다. 그 전에 딸 나이만큼 선물도 준비해 놓았다. 용돈 봉투를 비롯해서 딸이 평소 잘 먹는 간식과 필요한 물건들로. '뭐 저런 게 선물이야!'라고 할 수도 있겠지만, 선물을 스물한 가지나 채운다는 건 쉽지 않은 일이었다. 스물한 가지 목록을 공개하면 다음과 같다. (아이들한테 해보고 싶다면 가급적 한 살이라도 적을 때 하면 수고를 덜겠다.)

1) 현수막, 2) 아이스크림(케이크를 싫어하는 딸, 전날에도 친구와 생일파티를 해서 케이크 먹었다고 절대 사지 말라던 딸. 그래도 엄마가 초 하나 안 꽂아주면 섭섭할 것 같아 평소 잘 먹는 마트에서 산 아이스크림을 준비했다.), 3) 꽃, 4) 용돈, 5) 하리보 젤리, 6) 초코 미니 다이제, 7) 무설탕 제로 초코 누드 빵, 8) 무설탕 제로 젤리, 9) 머리끈, 10) 세안 헤어 밴드, 11) 여름 양말, 12) 콤푸차 복숭아 맛, 13) 보습 클렌징 오일, 14) 레모나c, 15) 포카칩, 16) 립스틱, 17) 구루프, 18) 체중

계, 19) 토레타, 20) 손 편지, 21) 스물한 가지 고마운 점 담은 액자 (이 선물에 가장 정성을 쏟았다. 타이핑할 생각이었으나 프린터기가 고장 나는 바람에 손 글씨 쓰는 수고를 했다.)

뭐가 고마운지 생각해보니 잔잔하게 고마운 점이 많았다. 이 이벤트를 준비하면서 딸에게 더 관심을 갖는 계기가 되었다. 뭘 좋아할까, 뭐가 필요할까. 생각도 해보고, 앞으로도 사랑받는 사람이 되었으면 하는 소망을 가져 봤다. 아들과 남편 생일 때도 이런 이벤트를 해보자고 마음먹었으나, 딸 생일 선물을 준비하다 보니 나 이만큼 선물 준비하는 게 쉽지 않아 참기로 했다. 처음 계획은 일일이 다 포장을 해야겠다 싶었는데, (포장 뜯는 맛도 있으니) 바빠서 생략했다. 딸은 "이렇게 해주는 엄마가 없을 거야. 고마워." 코맹맹이 소리로 고맙다고 했다. 사진을 열심히 찍어대는 걸 보니 나름 감동을 받은 눈치였다. 바빠서 허덕이는 일상에 힐링이 되는 시간이었다.

시어머님 팔순 때도 현수막을 준비했다. 팔순 행사는 시아버님이 돌아가신 지 5개월이 안 된 시점이라 조촐하게 본가 근처 한정식집에서 했다. 역시나 장애인 작업장에 현수막을 맡겼고, 남편에게도 어떤 디자인이 좋은지 골라보라고 했다. 팔순이라 은은한 색깔이 좋겠다 싶어 보랏빛으로 골랐더니, 시어머님 의상과도 잘 어울리는 선택이었다. "팔순을 축하드립니다!" 시어머님과 연세가 같으신 친정엄마 팔순 때도 현수막을 생각했다. 하지만 남동생의 기획으로 친정엄마는 펜션에서 온 식구가 다 모여 1박을 하면서 팔순 잔치를 했다. 업체에 뷔페 음식과 팔순 상을 다 주문했기 때문에, 현수막이 이미 포함되어 있어서 하질 않았다. 같은 해 11월에는 큰아주버님 환갑모임이 있었다. 17명의 시댁 식구가 조카들이 예약한 중식당에서 식사를 같이했고, 이때도 현수막을 준비했다. 올해 설날에는 아들과 딸 그리고 조카들에게 줄 복주머니를 마련했다. 세배를 받고 나서 덕담을 건네며 세뱃돈을 미리 넣어 준비한 복주머니를 건넸다. 모두 스무 살이 넘었는데, 8명이 복주머니를 한데 모아 인증샷도 찍고 좋아해 줘서 흐뭇했다.

　도서관 글 동아리 회원 한 분은 매달 본인에게 스타벅스 쿠폰을 선물한다고 한다. 내게 메시지도 보내는데, 쿠폰을 고르는 재미가 있다고 한다. 남들이 안 보니까, 내가 들으면 좋겠다 싶은 말을 메시지에 쓰고, 이모티콘도 넣어서 메시지를 보낸 후 캡쳐를 해서 저장을 해 둔다고 한다. 쉬는 날 카페에 가서 "이걸로 결제해 주세요."라고. 내가 마시고 그날 기분이 좋으면 다른 사람한테 보내주기도 한다고 했다. 들으면서 좋은 아이디어라고 생각했다.

　올 연말 내 생일에는 나만의 파티를 해볼까 한다. 그때까지 100

호 수첩을 쓰는 거다. 생일도 생일이지만 '수첩 100호 달성' 자축 파티를 해보고 싶다. 상영하는 영화가 천만 관객을 달성하면 "천만 관객 달성 감사합니다."와 같은 문구를 만들어서 인증샷 찍듯이 나도 인증샷을 찍어보려고 한다. 작은 현수막 하나라도 셀프로 마련할까 한다. 그동안 가족 기념일에 소소하게 현수막을 만들어 축하했는데, 한 번쯤 나 자신에게 해보고 싶다. 현재는 86호 수첩을 쓰는 중이다. 100호 수첩 달성하자고 수첩만 채우는 부실한 메모는 하지 않을 것이다. 2008년 12월 23일부터 줄기차게 해 온 메모인데, 설렁설렁 보여주기식 메모는 내가 용납을 못하니까.

상상력과 창의력이 뛰어난 사람이 아닌지라 기발한 이벤트 아이디어는 잘 떠오르지 않는다. 사소한 이벤트가 삶에 활력과 재미를 더해준다. 가만히 있어도 주어지는 행복이 있겠지만 내게 행복은 가만히 기다린다고 저절로 주어지지 않았다. 진흙에서 조개를 캐내듯 일상 여기저기서 행복을 캐내려 한다. 캐내기만 하면 값진 일이 가득한 일상이 될 테니까.

### 오늘의 한 줄 요약

사소한 이벤트로 소소한 삶의 재미를 끌어올리자.
하기 쉬운 현수막 이벤트부터 도전!

# 쓰기로 나의 가능성 찾기

"엄마, 조선 시대 사람이야?" 딸아이가 가끔 그랬다. 좀 고리타분하다는 말로 들렸다. 학교 다닐 때도 그랬지만, 옆길로 새는 걸 잘 못하는 편이다. 선생님이 하지 말라고 하면 안 하는 그런 학생이었다. 숲길을 걸을 때도 표지판이 있는 길과 오솔길이 있다면 호기심에 오솔길로 가볼 만한데도 표지판을 따라가는 사람이었다. 일에서도 본업을 하고 있기에. 다른 일은 아예 차단을 시켰다. 이제는 조금씩 생각이 달라졌다. 다른 시도도 같이 해봐야겠다는 생각으로 변했다.

작년에는 본업에서 비켜난 네 가지 일을 결정했다. 어찌 보면 본업 연장선상에서 하는 일이기도 했다. 첫째는 우리 동네 숨은 고수 찾기 프로젝트인 구청 프로그램 「나도야, 강사」 프로그램 도전이었다. 구청 배움톡을 친구로 추가했는데, 강의가 개설될 때마다 톡이 날아왔다. 하루는 주민 누구나 강사가 될 수 있다는 내용이었다. 배움톡에 처음 올라온 「나도야 강사」 운영 안내사항은 이랬다.

"우리 동네 숨은 고수 찾기 「나도야 강사」는 재능이 있는 구민이 직접 강사가 되어 이웃 주민을 가르치는 경험을 함으로써 평생학습을 통한 자기계발 기회 제공 및 평생학습 분위기를 조성하고자 운영하는 평생학습 프로그램입니다. 우리 동네 골목골목 숨어있는 장 담그기 고수, 멸치볶음 고수, 집 꾸미기 고수, 뜨개질 고수 등 이웃 주민을 대상으로 무엇이든 가르치고 배울 수 있어 구민 누구나 망설이지 않고 강사로 도전할 수 있습니다. 따라서, 구민 누구나 강사가 될 수 있기에 전문성, 표현력, 전달력 등 강의 스킬이 조금 부족할 수도 있다는 점을 감안하여 신청해 주시기 바랍니다."

이 글을 읽고 나서 나도 한번 신청해 볼까 하는 용기가 생겼다. 내가 사는 지역구에는 네이버 밴드에 「나도야 강사」 프로그램이 올라와 있다. 밴드에 소개된 내용은 이렇다.

"강의 형태는 특강 형식의 1회성 강좌, 교육 장소는 관내 시설, 강사의 가정이나 사업자 등 프로그램을 운영할 수 있는 공간, 대상은 특정 분야에 뛰어난 재능이나 지식을 보유한 주민 누구나. 평생학습 관련 인문 교양, 문화예술 등 본인이 가장 자신 있는 다양한 분야. 신청 방법은 1차 서류심사, 2차 면접 심사. 결과에 따라 강의 개설 여부를 결정한다."

담당은 구청 교육청소년과 평생학습팀이고, 밴드에 1차 서류를 접수하는 방식이었다. 독서 지도와 논술 수업은 올해로 16년 차다. 16년 전과 비교해 아이들이 점점 글쓰기에 대한 부담을 많이 느낀다. 변화되는 세상의 흐름에 따라 미디어에 노출되는 시간이 많아서인지 영상에 익숙해져 간다. 16년 전보다 책 읽기와 글쓰기를 좋아한다는 아이가 드물다. 가정에서 일기 지도도 어렵다는 어머님도 많이 계시다. 나는 어머님들을 대상으로 〈내 아이 즐겁게 글쓰기 지도하는 법〉이라는 제목으로 강의 개설을 신청했다.

수업 장소는 홈스쿨을 병행하고 있는 집으로 정했기 때문에, 5명 정도만 모집할 계획을 세웠는데, 구청에서 제한 인원을 7명으로 정해주셨다.(학습자가 5인 이상 시 개강 가능) 여러 실물 자료를 보여 드리기 위해서 집으로 정했다. 본업을 하기 전, 오전에 두 시간을 수업했다. 강사비는 차후 8만 원이 들어왔다. 처음부터 강사비는 마음에 두지 않았고, 한 번도 해보지 않은 강사라는 이름을 달고 새로운 시도를 해본다는 것에 초점을 맞췄다. 이런 수업은 처음인지라 처음에는 잘 해낼 수 있을지 신경이 쓰였다. 집이라 그런지 의외로 긴장감이 없었다. 어머님들과 수다 떨듯 편하게 준비한 내용을 전달해 드렸다. "기록이나 메모 습관 등 글쓰기에 대해서 세세하게 많이 배울 있어서 좋았고, 밴드 분류법 또한 참신한 능력"이라고 참여 소감을 써 주셔서 감사했다.

안 그래도 바쁜데 왜 나는 스스로 더 바쁜 삶으로 몰아넣나 싶지만, 이런 도전이 없으면 내가 더 나아갈 수 없다는 걸 알기에 용기를 냈다. 생각보다 말이 술술 나왔다. 두 시간 동안 일방적인 강좌가 아닌, 서로 소통하는 시간이었다. '나도 할 수 있구나!' 자존감이 조금 업그레이드된 날이었다. 스스로 기특하고 대견한 시간이었다. 내 앞에 가로막혔던 어떤 벽을 뛰어넘은 느낌이었다.

역시 해보기 전엔 어떤 능력을 어느 만큼 발휘할지 아무도 모르는 일이다. 우리 속에는 우리도 모르는 어마어마한 재능이 숨겨져 있다는 걸 믿는다. 어떤 일을 겁내고 시도하지 않아서 알아채지 못했을 뿐, 막상 그 일을 하게 되면 기대 이상으로 능력을 발휘하게 된다는 걸 이번 경험으로 알았다. 지역마다 이름이 다를지도 모르지만, 이런 프로그램이 있다면 소소한 재능 썩히지 말고 「나도야 강사」에 도전해 보자.

　두 번째로 옆길로 샌 일은 작년 여름방학 때 어린이 마을도서관 특강 수업이다. 방학 동안 특강 형식으로 3~4회 수업을 진행해 달라는 제안이 들어왔다. 글쓰기를 어려워하는 아이들을 대상으로 〈어떻게 하면 글쓰기를 쉽고 재밌게 할 수 있을까?〉라는 주제를 주셨다. 글쓰기는 어른도 어려운데, 아이들에게 어떤 방식으로 접근해야 할까 고민이 되었다. 적으나마 강사비도 있다고 했으나, 도서관 수업은 처음이라 무료로 봉사하겠다고 했다. 어디에서 무엇을 하든 처음 도전하는 건 잘 해내고 싶은 욕심과 긴장이 덤으로 따라붙는다. 동시 프로그램을 준비했고, 애쓴 만큼 무사히 잘 마쳤다.

　세 번째는 지역아동센터 독서 논술 수업이다. 작년 6월 내소사로 템플스테이를 가는데, 전화가 왔다. 독서 지도 교사로 근무했던 지역아동센터였다. 몇 년 전 센터장님께서 연락을 주셨을 때는 정중히 사양했다. 6월에 다시 연락이 왔을 때는 거절이 어려웠다. 두 번이나 거절하면 다음엔 안 불러주겠구나 싶기도 했고, 옆길로 좀 새 볼까 하는 마음도 합세했다. 본업과의 연장선상이지만, 같이 해 보니 역시나 만만치 않았다. 완벽주의까지는 아니지만 잘해야지 하는 마음이 있는지라 부담도 됐다.

예전에는 시간을 낼 수 있어도 새로운 시도가 망설여지거나 두려우면 '시간이 없다.'는 핑계를 대면서 거절을 하기도 했다. 이제 그러지 않으려고 한다. 뭐가 됐든 도전을 해야 변화가 생기니까 그 변화를 꿈꾼다. 시작하기 전 잘할 수 있을까 하는 염려는 늘 따라붙지만, 시작하면 하게 되고, 하다 보면 또 하나의 벽을 허물게 된다.

"인간이 만들어 내는 가장 위대한 발견과 경이로움 중 하나는 할 수 없을 것 같은 두려운 일도 해낼 수 있다는 사실이다."

헨리포드의 이 말이 맞다고 생각한다. 하기 전에는 그 일을 잘 해낼 수 있을지 두렵기도 하지만, 막상 해내고 보면 별거 아닌 일로 느끼기도 한다. 생각보다 내 안에 단단한 힘이 숨어있다는 것에 놀라게 된다.

쓰다 보면 관계된 분야로 연결이 된다. 블로그 글쓰기를 하다 보니, 다음 브런치 작가라는 게 있다는 걸 알았다. 나도 한번 도전해 봤다. 첫 번째는 보기 좋게 꽝. 무턱대고 도전장을 내밀었던 거다. 두 번째는 확실하게 브런치에 내가 무엇을 쓸 건지 생각하고 브런치 작가에 도전했는데, 승인이 났다. 브런치 작가로 등록했다.

마지막 하나는 책을 쓰기로 마음먹은 일이다. 예전부터 살아온 이야기를 쓰고 싶었다. 배움을 좋아하는 사람이라 이곳저곳 다양한 기관에서 배움을 축적했다. 그 결과, 자격증 16개가 남았다. 지금 보면 쓸모없는 이름만 그럴싸한 자격증도 있지만 나를 성장시키려고 부단히 애쓰며 살았다. 분주하게 사는 가운데도 늘 메모를 즐겨 했고, 글쓰기는 내 존재를 알려주는 무기가 되어 갔다.

누구나 자기 삶을 들여다보면 책 한 권 거뜬히 쓸 만큼의 이야기가 들어있다. 나 또한 다양한 경험과 에피소드가 넘쳐나서, 다른 무엇보다 내 이야기를 먼저 하고 싶었다. 어떤 작가님도 그랬다. 사람 앞일은 어떻게 될지 모르기 때문에, 자기가 쓰고 싶은 이야기를 다른 것보다 먼저 써야 한다고. 언젠가는 써야지 했던 이야기를 더 이상 미루지 않고 시도하기로 했다. 능력은 부족하지만 마음먹은 이상, 몰입하기로 작정한 이상 이 책이 완성될 걸 나는 안다. 내 속에 숨겨진 그 어떤 재능을 믿어보자. 쓴다는 건 내 마음의 지도를 갖는다는 것이다. 쓰다 보면 그 가능성에 더 빨리 닿을지도 모른다.

### 오늘의 한 줄 요약

쓰기로 나의 가능성 찾기.
쓰다 보면 그 가능성에 더 빨리 닿을지도 모른다.

## 06

# 글쓰기가 습관이 되려면

**멍때리는** 시간을 좋아한다. 멍때리기는 마음을 챙기는 일인 듯하다. 아무것도 하지 않고 그냥 가만히 바라보기만 해도 마음이 잔잔해지고 좋다. 뜨겁고 지끈지끈한 머리를 식히는 일이다. 멍하니 보고 있으면 시름을 다 잊을 것처럼 다른 생각이 안 든다. 오로지 그것에 집중하고 보기만 하면 되니까. 생각해보니 어릴 때부터 나와 함께한 멍이 하나 있다. 돈도 안 들고, 시간과 장소도 구애받지 않고 언제 어디서든 마음만 먹으면 되는 멍, 바로 '글멍'이다.

'글멍'을 하고 있을 때는 딴 세상으로 걸어 들어가는 느낌이다. 주변의 잡음이 제거되고, 쓰다 보면 시간이 금방 지나간다. 어떻게 하면 '글멍'할 시간을 많이 낼까 고민한다. 본업과 이런저런 자잘한 일 때문에 통으로 시간을 많이 내기가 어렵다. 자투리 시간을 이용해서 틈새 공략을 더 해보기로 했다. 생각날 때 바로 쓰기, 수첩과 펜 항상 옆에 끼고 살기. 하루는 6학년 아이와 수업을 하고 있는데, 아파트 1층에서 본 안내문 문구인 "행복공간을 만들고 있습니다."가 계속 머리에 맴돌았다. 안 쓰면 도망가 버릴 것 같아서, 아이가 글을 쓰는 동안 후다닥 적어놓았다.

어느 날 새벽 4시에 일어났다. 침대에 누워 있는데, 지난 목요일에 메모한 이 글이 자꾸 맴돌았다. 얼른 전등을 켜고 폰으로 블로그에 글을 쓰기 시작했다. 글 한 편이 뚝딱 완성되었다. 뭐라도 영감이 떠오른 그 즉시 쓰는 게 좋다는 걸 이번에 또 새삼 느꼈다. 그 덕분에 수월하게 글감을 건졌다.

글쓰기가 습관이 되려면 어떤 형식으로든지 매일 쓰는 행위가 중요하다. 처음부터 거창한 걸 쓸 필요도 없고, 잘 쓸려고 애쓰지 않아도 된다. 그냥 쓰면 된다. 일기든, 메모든, 일지 형식이든 펜을 들고 날마다 무엇을 쓰기만 하면 된다. 쓰다 보면, 계속 쓰다 보면 익숙해지기 마련이니까. 처음 글쓰기를 시작한다면 큰 노트보다는 작은 수첩에 쓰기를 권한다. 가지고 다니면서 쓰고 싶을 때 언제라도 쓰기가 쉽고, 더 세세하게 생각을 써 내려갈 수 있기 때문이다. 글을 쓰다가 뭔가 막혔다는 생각이 들면, 책을 뒤적이거나 메모한 수첩을 살핀다. 밴드 주제별 카테고리를 뒤지기도 하고, 지인과 나눈 카톡방 대화를 다시 들여다보기도 한다. 하나의 낱말을, 한 줄의 문장을 보다가 가끔은 이걸 써야지 하고 실마리를 찾게 된다.

글을 매일 쓰게 만드는 어떤 장치나 약속을 만들어두어도 좋다. 작년에는 동시 필사를 100일간 하고 단체 카톡방에 인증을 남기는 동시 필사 100일 인증 방에 참여했다. 주말과 공휴일을 제외하고 매일 동시를 한 편씩 필사하고, 생각을 덧붙였다. 사진을 찍어 단톡방에 공유하면 된다. 동시를 고르는 마음, 동시를 읽고 느끼는 감정을 글로 풀어내는 과정을 통해 글쓰기에 습관이 붙었다.

몇 년 전에는 6개월 동안 하루도 빠짐없이 블로그에 동시집을 한 권씩 소개했다. 그때는 주말, 공휴일도 쉬지 않고 하는 게 나와의 약속이었다. 6개월간 매일 올렸다. 누가 읽어주든 말든, 그건 상관하지 않았다. 동시집 소개를 주로 하니, 인기 있는 블로그도 아니었다. 6개월 동안 하다 보니, 자연스레 동시집도 많이 접하게 되고, 계속 쓰게 되는, 쓸 수밖에 없는 습관이 몸에 배게 되었다. 지금은 시간에 쫓긴다는 핑계로 드문드문 소개한다. 현재 블로그에 올려놓은 동시집은 210권이다.

얼마 전부터 지인과 매일 '문장 나누기'를 한다. 글 종류는 상관없이 나를 깨워 준 문장이나 아름다운 문장, 생각을 길어 올리게 만드는 문장을 채팅방에 올리는 거다. 이 문장이 왜 좋았는지 간단히 나름의 생각도 쓰지만, 바쁠 때는 문장만 올린다. 꼭 책에서 본 문장으로 한정하지는 않는다. 명언이나, TV나 라디오에서 보고 들은 것도 좋고, 주변 사람과의 대화 속에서 인상 깊은 말도 다 문장 나누기의 대상이 된다. 문장 나누기 첫날부터 문장 일기도 함께 썼다. 소개한 문장에 대한 그날 가진 생각과 느낌을 쓴다. 지인은 문장 나누기가 신기하게도 서로의 다름을 보게 하고, 내게 부족한 것도 보게 한다고 했다. 나도 그게 문장 나누기의 묘미 같다는 답을 했다.

문장 나누기 첫날, 나는 유퀴즈에 출연한 먹방 유튜버 '입짧은햇님'의 말을 올렸다. 제철음식을 왜 먹어야 하느냐에 대한 질문에 '입짧은햇님'은 이렇게 대답했다. "우리 삶이 제철 음식을 언제까지 허락할지 모른다. 그때그때 먹어야 한다." 진행자 유재석이 감탄한 대답이었다. 이 말을 듣자마자 메모 수첩에 바로 옮겨놓았다. '입짧은햇님'의 말대로 제철 음식을 언제까지 먹을 수 있을지 모른다. 며칠 전 냉이를 사다가 생콩가루를 묻혀 냉이국도 끓이고, 청국장에도 넣었다. 오늘은 우체국 가는 길에 달래를 사 올 작정이다. 달래를 넣고 달래 양념장을 만들어 보려고 한다. 올해 내게 허락한 제철 음식을 감사한 마음으로 먹으려고 한다.

가족과 주변인은 나를 부지런한 사람으로 평가한다. 잠잘 때와 아플 때 빼고는 드러누워 있지 않고, 종일 수첩에 할 일을 메모해 가며 바쁘게 움직인다. 주변이 흐트러져 있으면 머릿속도 정리가 안 돼서 정리 정돈도 수시로 하는 사람이다. 중·고등 시절, 내 딴에는 설거지나 빨래를 깨끗하게 한다고 했는데도 엄마는 단 한 번도 칭찬하지 않았다. 사랑받고 자랐다는 느낌이 없다. 그래서일까, 아들과 딸에게는 사랑받는다는 느낌을 주고 싶었고, 엄마가 마음 쓰고 있다는 걸 보여주고 싶었다. 글쓰기를 좋아하기에, 아이들에게 편지를 쓰거나 아이들에 관한 글을 많이 썼다. 아이들에게 애착이 많다는 소리도 들었다. 올해 사회인이 된 아이들을 다 떠나보내고 나니 남편과 둘만 남았다. 이제는 아이들에게 보낸 애착을 남편에게 쏟겠다는 마음이다. 그동안 남편 이야기는 남편을 고발하는 기록 위주였다. 다정함은 제로인 사람이지만, 츤데레 같은 모습도 간혹 발견할 때가 있으니, 남편 이야기도 써야겠다는 생각이 들었다. 그래서 마련한 것이 'YS이야기노트'다.

 남편과 나는 영문 이니셜이 같다. 여기에는 우리 이야기를 차곡차곡 담고자 한다. 번호를 붙여가며 1호, 2호, 3호 내 메모 수첩처럼 노트가 늘어나길 희망한다. 훗날 둘 중 누구든지 홀로 남게 되면, 이 노트를 보면서 아픔이 덜했으면 좋겠다. 또 우리가 떠난 후, 아이들이 이 노트를 읽으며 엄마, 아빠가 어떻게 살아왔는지 알고 곁에 있는 것처럼 다정함을 느끼며 지냈으면 좋겠으니까.

 매일 무언가를 하고 있다면, 내가 하고 있는 것부터 기록으로 꾸준히 남기면 좋겠다. 걷기를 한다면 걷기 일지, 요리에 흥미가 있다면 요리 일지, 취업일지도 좋겠고, 나처럼 문장 일기도 좋고, 뭐든 기록으로 남겨놓으면 나중에 내가 이만큼 성장했다는 것을 알 수 있어서 좋다. 다른 건 꾸준히 잘 쓰는데, 가계부는 쓰다가 말다가 계속 쓰는 게 잘 안됐다. 이번 참에 소비일지도 다시 도전해 봐야겠다. 어떤 일지를 쓰든지, 분명 매일 반복적으로 하고 있는 일이 있을 거다. 사진 찍는 게 취미인 사람이라면 주로 찍는 사진에다 간단한 코멘트를 다는 일도 기록이 쌓인다면 꽤 쓸만한 수집일 듯하다. 이정록 시인도 '문지방 삼천리'라는 표현으로 먼 곳이 아니라, 가까운 곳에 있는 것을 쓰라고 했다. 내가 가장 손쉽게 접근할 수 있는 어떤 형식의 글이든지, 뭐든 습관처럼 할 수 있으면 좋겠다. 필사를 하든, 일기를 쓰든, 가족 이야기를 담든, 하루의 소소한 무언가를 쓰기만 하면 되는 거다. 훗날 내가 쓴 기록들이 역사의 훌륭한 한 페이지가 될 거니까.

### 오늘의 한 줄 요약

매일 무언가를 하고 있다면, 내가 하고 있는 것부터 기록으로 남기자. 걷기 일지, 요리 일지, 취업 일지, 소비 일지, 문장 일기, 사진 일기 등등.

# 글쓰기로 나만의 생업 만들기

"**마음속에서** 우러나는 일들을 하라구. 그런 일들을 하게 되면 절대 실망하지 않아. 질투심이 생기지도 않고. 다른 사람의 것을 탐내지도 않게 되지. 오히려 그들에게 베풂으로써 나에게 되돌아오는 것들에 압도당할 거야."

미치 앨봄이 쓴 《모리와 함께한 화요일》에서 죽음을 앞둔 스승이 제자에게 한 말이다. 이 책은 루게릭병에 걸린 모리 슈워츠라는 사회학자 교수가 죽음을 앞두고, 그의 제자 모리와 서너 달 동안 매주 화요일에 만나서 '인생'에 관해서 이야기한 내용을 담은 책이다. 일을 하다 보면 하기 싫은 일도 어쩔 수 없이 하게 되는 일이 허다하다. 내 마음이 시키는 일로 밥벌이하며 살아가기가 쉽지 않을 수도 있지만, 가능하면 마음에서 우러나는 일을 하며 살고 싶다.

이토 히로시는 그의 책《작고 소박한 나만의 생업 만들기》에서 "혼자서도 시작할 수 있고, 돈 때문에 내 시간과 건강을 해치지 않으며, 하면 할수록 머리와 몸이 단련되고 기술이 늘어나는 일, 이것이 바로 생업(業生)이다."라고 말한다. 저자는 한 사람이 생업을 세 가지 이상 갖고 있으면 앞으로는 즐겁게 살아갈 수 있는 시대가 되리라고 생각한다고 썼다.

"생업에 목표는 어디까지나 인생을 충실하게 만드는 것이며, 회사 일에 지장이 없는 선에서 한 가지 일을 더 하는 정도는 누구나 할 수 있다. '생업'을 하나만이라도 가질 수 있다면, 회사에서 나오는 월급에만 의존했던 때와 전혀 다른 풍경이 눈앞에 펼쳐질 것이다. 또 그것은 삶에 대한 자신감으로 이어진다."

저자는 본업으로 생업을 하라고 권하지는 않는다. 본업을 하면서도 즐겁게 할 수 있는 일을 생각해 내, 무엇이든 그쪽으로 아이디어를 내어보라고 한다. 나는 프리랜서 독서 논술 교사로 일하면서 주 1회 지역아동센터에서 아이들을 가르친다. 수업 대상인 아이들이 있고, 시간이 들어가는 일이지만 하면 할수록 머리와 몸이 단련된다. 큰 금액은 아니지만 강사비가 매달 들어오고 있으니, 이것도 생업이 맞겠다.

얼마 전 지인이 구청에서 블로그 기자단을 모집한다는 정보를 알려왔다. 월 1회 내가 사는 지역의 다채로운 모습과 다양한 정보(지원 정책, 행사 및 축제, 명소 등)를 취재해서 소개하면 되는 일이었다. 원고료는 1편에 7만 원이고, 우수원고 채택 시에는 3만 원 인센티브도 추가 지급한다는 내용도 들어있었다. 1년간 활동하며 1년 연임도 가능하다고 했다. 개인 블로그 운영은 필수였다. 지인은 내가 블로그도 하고 글쓰기에도 관심이 많으니, 하면 잘할 것 같다는 말을 덧붙였다. 글쓰기로 생업 만드는 일이 생각보다 여러 갈래로 문이 열려 있구나 싶어 반가웠다.

책을 읽고 글쓰기를 좋아하니, 이쪽으로 생업을 늘려가고 싶은 바람이 크다. 무명의 동시인이지만, 어쩌다 동시 원고 청탁도 들어온다. 올해는 감사하게도 〈대구문학〉, 〈동시달팽이〉, 〈시와동화〉에서 동시 원고 청탁을 받았다. 원고료가 주어지는 청탁도 있고, 아닌 곳도 있지만 이것도 생업의 일종이라고 할 수 있을 것이다.

이 책을 쓰면서도 생업에 기대를 걸어본다. 책을 쓰고 나서 어떻게 될지 앞일은 모르지만, 현재와는 또 다른 일이 기다리지 않을까 싶다. 딸이 인스타에서 유명하다며 AI로 내 사주를 봐주겠다고 했다. 생년월일과 태어난 시까지 정확하게 넣으면 사주가 나온다. 거기다 묻고 싶은 질문을 넣어도 답변을 해준다. 딸아이는 "엄마, 사람들이 5만 원 주고 본 사주와 똑같다고 한 대. 엄마도 한 번 봐봐." 딸은 AI 사주를 보라고 했다. 재미 삼아 딸에게 내가 태어난 날과 시를 알려주고 한번 해보라고 했다. AI 결과에 따르면, 내가 올해 하반기에는 성과가 있다고 하니 살짝 기대를 걸어볼까.

수시로 나를 알아가는 시간을 갖는다. 수첩에 끄적끄적하다 보면 무엇을 하며 어떻게 살아야 하는지 저절로 답이 튀어나온다. 2013년 7월 6일자 수첩에도 이런 글이 보인다. '나를 변화시킬 수 있는 건 글쓰기뿐, 지금의 나를 넘어설 수 있는 것도 글쓰기뿐, 내가 가장 좋아하고 지치지 않고 계속할 수 있는 것도 글쓰기뿐'이라고. 내가 어떤 생업을 찾아 나서면 될까 막막하다면 최대한 세세하게 나를 파헤쳐 보면 답이 나올 듯하다.

주변에 유독 손재주가 좋은 사람을 발견한다. 석고로 미니 곰돌이나 가방 틀을 본떠 차량 방향제를 만든다든지, 도자기로 부엉이나 접시 등 멋진 작품을 만드는 재주는 보기만 해도 부럽다. 바로 금손 동서 얘기다. 인스타로 판매를 하는데, 아직 큰돈이 되는 건 아니라지만 손재주가 신기하기만 하다. 글을 쓰는 일도 손으로 하는데, 나는 뭘 세세하게 만드는 건 못 한다. 각자 자기가 관심 있는 일에 머리를 굴려보면 어떨까? 앞으로 엄마들과 글쓰기 수업도 하고 싶고, 100호 수첩을 달성하고 나면 메모 인증하기 미션 수행 모임도 꾸려보고 싶다.

글쓰기 플랫폼 브런치는 초보 작가도 구독자들로부터 후원금을 받을 수 있는 장치를 해놨다. 작가가 미리 응원하기 서비스를 신청한 상태라면, 구독자가 발행 글 하단에 응원하기 버튼을 눌러 1,000원부터 창작 후원금을 보낼 수 있게 만든 장치다. 3,900원에 작가 멤버십을 구독하면 누구보다 구독 작가 콘텐츠를 먼저 받아볼 수 있는 서비스도 있다. 나는 아직 응원하기 시스템을 신청하지 않았지만, 나도 브런치에 글을 쓰고 있으니, 언젠가는 응원하기 서비스를 신청해 보려고 한다.

얼마 전 6학년 아이들과 수업을 하면서 평생의 시간을 어떻게 소비하며 지내는지에 관한 자료를 읽었다. 영국의 신문 '더 선(The Sun)'에 평균 수명을 80년으로 보았을 때, 일생 동안 어떤 일에 얼마의 시간을 소비하며 지내는지 활동별로 조사한 결과가 실렸다. 영국 사람들을 대상으로 한 조사라 우리와는 차이가 있겠지만, 조사 결과는 이렇다. 인생 80년(소비 시간) 중에 일하는 시간 26년, 잠자는 시간 25년, TV 시청 시간 10년, 먹는 시간 6년, 전화 통화 시간 4년, 화장실에 가는 시간 3년, 화를 내는 시간 2년, 웃음 짓는 시간 88일이다. 80년 중에 웃음 짓는 시간이 고작 88일이라니, 충격이었다. 일하는 시간도 26년밖에 안 될까 싶었다. 우리나라 사람들은 더 많은 기간을 일하며 사는 것 같다. 남편만 봐도 30년 동안 일을 하고 있으니 말이다. 이 자료를 보면서 생각했다. 이렇게 긴 시간을 일하는데, 먹고 사는 생계에만 중점을 두고 살면 노동 시간을 견디기가 더 고역이겠다 싶다.

본업을 하면서 조금이라도 부수입이 있다면 마음이 좀 더 여유로워지지 않을까. 생계가 걸린 일에서 오는 어떤 압박감과 스트레스에 대처하는 자세가 어느 정도는 유연해지지 않을까 기대한다. 내가 할 수 있는 생업은 과연 뭐가 있을지 생각해 보자. 혼자서 할 수 있는 여러 가지 일이 있겠지만, 그중에 글쓰기만 한 게 있을까 싶다. 장소도 구애받지 않고 남녀노소 누구나 글을 쓸 수 있는 도구만 있으면 되니 말이다. 각지고 상처 난 마음도 보듬어 주고, 글을 쓰면서 스스로 내면을 단련시킬 수 있는 일이 아닌가 싶다. 글을 쓰면서 내가 원하는 생업을 찾아보자.

### 오늘의 한 줄 요약

글쓰기로 나만의 생업을 찾자. 어떤 생업을 찾아 나서면 될까, 막막하다면 최대한 세세하게 나를 파헤쳐 보면 답이 나온다.

# Chapter 04

## 하루에 하나, 나를 사랑하게 되는 글쓰기 훈련

# 하루 한 토막, 감사 글쓰기

**배우 송혜교는** 한 방송에서 노희경 작가님 조언으로 자기 전에 감사했던 일 열 가지 쓰기를 5년 동안 했다고 고백했다. 처음에는 어떤 감사한 일을 적어야 할지 생각이 안 나서 노희경 작가님에게 물었다고 한다. 그때 작가님은 "혜교야, 오늘 날씨가 좋은 것도 감사하고, 밥을 먹은 것도 감사하고, 너의 반려견이 건강한 것도 감사하고, 예쁜 꽃을 보는 것도 감사하고…." 이 말을 듣고 송혜교는 머리가 띵했다고 한다. 그 후에는 주위의 모든 것들이 감사하게 다가왔다고 한다.

제4장에서는 하루 하나씩, 나를 사랑하게 되는 글쓰기 훈련을 소개한다. 꼭지에 소소하게 몇 가지 소주제를 정했다. 이 소주제로 10분 정도 글쓰기를 해보면 좋을 듯하다. 이번 '하루 한 토막, 감사

글쓰기' 꼭지에서는 6가지 소주제를 제시해 본다.

## 첫째, 어린 시절 행복을 준 장면은?

감꽃으로 감꽃 목걸이 만드는 걸 좋아했다. 집집마다 감나무 한 그루쯤 쉽게 볼 수 있는 고장에서 나고 자랐다. 아버지는 본인을 빼다 박은 셋째딸이 감꽃 목걸이 만드는 걸 좋아한다는 걸 아시고는 딸과 함께 감꽃을 주우러 다니셨고, 이른 아침이 되면 아무도 밟지 않은 감나무 밑에서 어린 딸을 위해 감꽃을 주워 오시기도 했다. 어린 딸은 감꽃을 늘어놓고 실에 꿰어 감꽃 목걸이를 만들었다. 그게 뭐라고, 그때는 그 목걸이 하나를 완성하면 그렇게 기분이 좋을 수가 없었다. 몇 년 전 '마음 다방'이라는 수업에 참여했다. 그때 미술 선생님이 어린 시절 행복했던 장면을 그려보라고 하셨는데, 나는 감꽃 목걸이를 그렸다.

못 그리는 그림이었지만 액자로 완성해 주셨고, 수강생들의 그림을 모아 작은 달력을 만들어 주시기도 했다. 내 그림은 감꽃이 피는 계절 6월을 차지했다. 지금은 도시에 살아 감꽃을 잘 못 보지만, 어린 시절 행복했던 때를 떠올리면 아버지와 감꽃을 주우러 다닌 그 장면이 가장 먼저 기억난다. 사랑받고 크지 못했다고 생각했는데, 그때 그 장면을 떠올리면 아직도 마음이 따뜻해진다. 어린 시절을 떠올리면 누구나 행복을 느낀 한순간은 있을 것이다. 사소한 일이라도 그 기억을 되살려 어떤 순간인지, 그게 왜 행복했는지 써 보면 좋겠다. 그 조각이 어른인 우리에게 마음의 보약처럼 다가올 게 분명하다.

**둘째, 당신의 소확행은?**

소소하고 확실한 행복은 손꼽기 어려울 정도로 많다. 여행을 갈 때, 마음에 드는 책을 만났을 때, 두유 제조기에서 갓 따른 두유와 달콤한 딸기를 한입 베어 물었을 때, 금방 찐 단호박과 고구마를 먹을 때, 숲길을 걸을 때, 아무한테도 방해받지 않고 글을 쓸 수 있는 시간이 주어졌을 때도 행복하다고 느낀다. 행복한 일을 손꼽다 보면, '나한테 이렇게 행복한 일이 많았나?'라는 것을 새삼 느끼게 된다. 세상을 보다 긍정적으로 바라보게 되고, 긍정의 기운이 내 정신을 감싸다 보면 무기력에 빠지는 일이 줄어든다. 소확행을 써 보면서 '나는 행복한 사람이구나' 주문을 걸어보자.

**셋째, 웃음이 묻어났던 순간은?**

대학 시절, 친구와 같이 염소탕집에서 주말 아르바이트를 하고 친구 집에 자러 갔을 때다. 당시 아르바이트하던 곳이 외곽에 있어서 버스 편이 마땅치 않았다. 토요일에는 일이 늦게 끝났기 때문에 자취방까지 가려면 힘들었다. 다음 날 또 아르바이트를 가야 했기에, 일하던 곳에서 그나마 가까운 친구 집에서 자기도 했다. 한번은 일을 끝내고 범어동에 살던 친구 집에 자러 갔다. 다 주무시는 늦은 시간이라 살금살금 대문을 열고 들어갔다. 친구 집은 옥상이 낮은 단독주택이었다. 대문 소리가 날까 봐 조심히 들어가는데, 옥상에 숨어 계시던 친구 아빠가 갑자기 "워!" 하고 소리를 질러 우리를 깜짝 놀라게 하시는 것이었다. 친구가 그때 '아빠, 뭐 하는 거냐!'며 아무렇지도 않게 핀잔을 주는 걸 보고, 강압적이고 웃음기가 적었던 우리 집의 분위기와 달리, 친구 집은 다정다감한 분위기임을 알 수 있었다. '이런 유쾌한 집도 있구나' 하며 부러워했다. 친구 아빠는 당시 제약 회사를 다니셨다. 그래선지 일하고 온 우리를 보실 때면 많이 피곤하겠다고 하시면서 마시는 비타민 음료 '알프스'를 건네셨다. 친구는 왜 이런 걸 자꾸 먹으라고 하냐며 마땅치 않은 표정을 지었지만, 나는 감사하다면서 넙죽 받아마셨던 기억이 난다. 당시 친구의 엄마·아빠는 나를 꽤나 신뢰하셨던 것 같았다. 친구는 나와 같이 간다면서 나를 팔고 놀러 가기도 했으니까. 내가 같이 간다면 흔쾌히 허락해 주셨기에, 자기가 놀러 가 있는 동안 절대 집에 전화하지 말라고 신신당부를 하고 갔다. 그땐 휴대전화가 없었던 시절이었다. 학기 중이나 방학 때도 늘 아르바이트를 하느라 대학 때는 MT 말고는 놀러 간 기억이 거의 없다.

살다 보면 이유 없이 우울함이 찾아오기도 한다. 그럴 때 웃음이 묻어나는 기억을 하나씩 꺼내 보면 어떨까. 들은 얘기도 좋고, 내가 경험한 일도 좋다. 떠올리기만 해도 입꼬리가 올라가는 순간을 써 보자.

**넷째, 뭉클했던 순간이 있다면?**

결혼하기 전 시댁에 인사하러 갔을 때다. 지금은 돌아가셔서 안 계신 시아버님이 다른 지방에서 있은 결혼식에 갔다 오시면서 대구에 들르셨다. 남편과 사귀고 있다는 걸 아시고는 대뜸 대구에 사시던 작은 형님네로 인사를 오라고 했다. 안사람이 보고 싶어 하는데, 오늘 시골에 가보지 않겠느냐고. 즉, 시어머님께서 나를 궁금해하시니 시댁에 같이 가자는 말씀이셨다. 마음의 준비를 할 시간도 없이 내 앞에서 그렇게 물으시니, 안 가겠다고 말할 방법이 없었다. 그렇게 해서 남편이 운전하는 차를 타고 바로 시댁에 가게 되었다. 시골에 내가 인사드리러 간다고 남편이 시어머님께 전화를 했으나 받지 않으셨다. 시댁에 도착했을 때 시어머님은 집에 계시지 않았다. 바람이 불었던 날이라, 낙엽이 이리저리 마당을 휩쓸고 다녀 어수선했다.

잠시 기다리니 시어머님께서 오셨다. 흙 묻은 장화에 몸빼바지, 머리에는 수건을 쓰고 계셨다. 내가 인사하러 온 걸 보시고는 깜짝 놀라셨지만, 잘 왔다고 환하게 웃으시면서 안아주셨다. 그 전에 남편이 시골집에 내려가면 나와 통화하면서 시어머님을 바꿔줬기 때문에 목소리로 대충 어떤 분인지 짐작은 했다. 포근하고 따뜻하다는 인상을 받았다. 친정엄마에게는 그런 따뜻함을 못 느꼈는데, 뭉클했다. 결혼한 지 올해로 26년째인데도 생생하게 기억난다. 그때 느낀 그 감정이 틀리지 않았다. 시어머님은 여전히 따뜻하고 온화하시다.

이것 말고도 아이를 낳던 순간을 비롯해서 뭉클했던 순간이 많다. 지나온 인생을 뒤져보자. 발견하고자 마음먹기로 했다면 뭉클한 순간이 많을 테니, 이런 순간을 글로 써 보면 좋겠다. 내 인생에도 보석 같은 순간이 많았다는 것을 새삼 느끼게 될 테니까.

**다섯째, 우리 가족에 대해서 쓰기**

가족 이야기를 매일 짤막하게 써 봐도 좋겠다. 얼마 전 일요일에 친구 어머님 병문안을 갔을 때다. 남편이 미용실에서 파마하고 있는 사진을 올렸다. 딸아이는 단톡방에 웃긴다며 아빠가 귀엽다고 했다. 남편은 파마하는 동안 실시간으로 사진을 계속 올렸다. 파마를 다 한 사진을 올렸을 때 딸은 배추 도사 같다고 했고, 아들은 시원하니 괜찮다고 톡을 달았다. 잘 어울리는 것 같으면서도 만화 〈아기 공룡 둘리〉에 나오는 '마이콜'을 닮은 것 같기도 해서 웃음이 났다. 가족 이야기를 쓰면 가족과 함께하는 잔잔한 일상이 귀하게 느껴진다. 가족을 더 들여다보는 계기가 되어서 좋다. 가족을 내 글에 등장인물로 불러오자.

**여섯째, 감사 일기 쓰기**

감사 일기를 쓰니까 세상에 고맙지 않은 일이 하나도 없다. 노트북으로 이 책을 쓸 수 있는 시력이 있어 고맙다는 생각이다. 나이 들어갈수록 눈도 흐려지고, 정신도 흐려져 집중하기 어려운데, 나는 밤 11시가 넘은 시간인데도 말똥하게 집중력을 발휘할 수 있는 것에 감사한 마음이다. 둘러보면 감사한 일이 넘쳐난다.

하루 한 토막, 긍정의 기운을 불러오는 글을 쓰다 보면 남을 원망하는 마음, 미워하는 마음이 줄어든다. 특히 감사 일기는 남과 비교하지 않고 내가 가진 것에 그저 감사하는 착한 마음이 저절로 생겨나는 묘한 일이다. 남녀노소 누가 해도 해가 되지 않는 무공해스러운 일이다. 돈 안 드는 일이지만, 내 마음에 온도를 높이기 안성맞춤인 최고의 습관이 아닐까 한다. 나는 카카오톡 캐릭터 무지 스프링 노트에 쓰고 있지만, 인터넷에는 3,000원짜리 감사 노트부터 감사 일기장까지 구미에 맞게 고를 수 있는 다양한 노트가 즐비하다. 하루 한 토막, 감사 일기 쓰기를 적극 권한다. 위에 제시한 소주제로 글을 써 내려가도 감사한 마음이 몽글몽글 솟아오르기 때문에, 어떤 내용이든 감사함을 느끼는 글을 써 보자.

### 오늘의 한 줄 요약

하루 한 토막, 긍정의 기운을 불러오는 감사 글을 써 보자. 쓰다 보면 남을 원망하는 마음, 미워하는 마음이 줄어든다. 내가 가진 것에 그저 감사하는 착한 마음이 저절로 생겨난다.

1) 어린 시절 행복을 준 장면은?
2) 당신의 소확행은?
3) 웃음이 묻어났던 순간은?
4) 뭉클했던 순간이 있다면?
5) 우리 가족에 대해서 쓰기
6) 감사 일기 쓰기

## 상처를 치유하는 글쓰기

**나는 5남매 중** 넷째로 태어나, 어릴 때부터 하고 싶은 말을 다 하지 못하는 억눌린 환경에서 자랐다. 아버지는 그나마 내 편일 때가 많았지만, 엄마는 늘 아들이 최우선 순위였다. 글로 답답한 마음을 풀었다. 한창 감수성이 예민한 사춘기 때는 엄마와 대립이 더 심했다. 사사건건 내 말은 댕강 잘려 나갔고, 하루라도 빨리 집을 떠나고 싶은 마음뿐이었다.

엄마는 지금 팔십이 넘은 연세에, 이빨이 다 빠진 호랑이가 되었다. 어떨 땐 안쓰러울 만큼 약한 존재처럼 보인다. 그때만 해도 엄마는 궁핍한 살림에 스트레스가 심하셨는지, 서슬이 퍼렇게 유독 나를 꾸짖어 대셨다. 그 시절, 엄마와 따뜻한 기억 하나 없으니, 여린 내 마음에 상처가 컸던 것 같다. 큰언니와 남동생처럼 순종적이었다면 안 그랬을까? 오빠와 작은언니처럼 남 눈치 보지 않고 배짱 좋게 행동했다면 덜 아팠을까? 누군가는 어린 시절로 돌아가고 싶다고 하지만, 나는 절대 10대 시절로 돌아가고 싶지 않다.

스무 살 때부터는 성인이기에, 엄마에게 대항할 힘이 좀 생겼다. 떨어져 살아서 부딪힐 일도 덜 했고, 방학 때도 늘 아르바이트를 했기 때문에, 엄마와 만나는 횟수도 뜸했다. 이 모든 내 삶의 여정에는 항상 글쓰기가 존재했다. 속이 상해서 미칠 것 같으면 울면서 글을 썼다. 그럼, 화가 좀 풀어지고, 누군가 다독여주는 것처럼 위로가 되었다. 글을 쓰는 게 유일한 해방구였다. 하고 싶었으나 다 하지 못한 말, 미처 나오지 못해 차올라서 넘쳐흐르는 말을 글로 다 주워 담았다.

글쓰기는 희망적인 미래를 꿈꾸게도 한다. 글을 쓸 때마다 다짐을 덧붙이곤 한다. 덕분에 꿈과 목표, 희망을 얻고, 스스로 견고해짐을 느낀다. 희망은 누가 옆에서 풍선을 불듯이 불어주는 것이 아니라, 내가 만들고 채워나가는 거였다. 지금까지 글을 쓰면서 지나온 내 삶에서 좋았던 기억, 버리고 싶은 기억을 마주했다. 그 과정을 통해 내면을 더 잘 이해하게 되었다. 무엇보다 내가 무엇을 원하는지, 앞으로 어떻게 살아야 하는지도 깨달았다. 글을 꼭 잘 쓰지 않아도 된다. 누군가에게 털어놓듯 그냥 막 써 내려가면 된다. 어느새 내가 이만큼 성장해 있다는 것을 느낄 테니까.

연두부 같은 사람을 좋아한다. 부드럽고, 온화하고, 자극적이지 않고, 큰소리를 내지 않는 사람이다. 가끔씩 좋아하는 사람들의 이름을 수첩에 나열한다. 이런 사람들은 내게 상처를 주지 않았다. 쓰다 보면 그 사람과의 추억어린 장면 장면이 떠오르고, 나도 모르게 미소를 짓게 된다. 그냥 이름을 썼을 뿐인데, 그 사람과 나눴던 말이 둥둥 떠다니며 내가 좋아하는 사람이 이렇게 많다는 것에 든든함을 느낀다. 관계라는 건 일방적인 게 아니라 쌍방적이다. 내가 상대방에게 호감이 있으면 눈빛과 말, 태도가 달라지듯이, 상대방 역시 나를 대하는 태도가 그렇다.

나는 무엇을 하면 기분이 누그러드는지, 슬픔을 조금이라도 털어버릴 수 있는지 잘 안다. 수시로 나에 대해서 쓰다 보니 나 자신을 잘 안다고 생각한다. 무엇을 하면 우울에서 벗어나고 생기 있는 내가 되는지, 어떻게 하면 힘듦을 극복할 수 있는지 쓰면서 나를 더 잘 들여다볼 줄 알게 되었다.

집 근처 강변을 따라 따스한 햇볕을 쬐며 걸으면 기분이 좋아진다. 덕질하는 가수의 노래를 귀에 이어폰을 꽂고 듣거나, 마음을 글로 써도 기분이 풀어진다. 화가 나면 왜 화가 나는지, 슬프면 왜 슬픈지, 초라하게 느꼈다면 왜 그렇게 느꼈는지 등을 글로 풀면 꽁꽁 얼었던 마음이 서서히 녹는다. 무기력함이 느껴질 때, 글쓰기 책을 읽으면 다시 힘이 솟구치고, 마음이 복잡할 때는 주변 정리를 하거나 굿즈 정리를 한다. 온, 오프라인 서점에 가서 책을 사거나, 마트에 가서 예쁜 접시를 하나 사 올 때도 있다. 잠을 자면 풀릴 때도 있고, 어떤 종류의 문제 때문에 속을 끓이는지에 따라 마음 처방전에 맞춰서 제때 빠르게 치료한다.

의사이신 정혜신 선생님의《정혜신의 사람 공부》에는 "치유란 그 사람이 지닌 온전함을 자극하는 것, 그것을 스스로 감각할 수 있게 해주는 것, 그래서 그 힘으로 결국 수렁에서 걸어 나올 수 있도록 옆에서 돕는 과정이 되어야 하는 거죠."라는 문장이 나온다. 정혜신 선생님은 치유란 그 사람이 지닌 온전함을 자극하고, 그것을 스스로 감각할 수 있게 해주는 것이라고 했다. 글쓰기가 바로 이런 역할을 하지 않나 싶다. 살다 보면 좋든 싫든 수많은 사건, 사고에 직면한다. 나 또한 그랬고, 앞으로 또 어떤 일이 다가올까 예측하지 못해 사람들은 불안해한다. 글을 쓰면서 탄탄한 마음 근육을 키우면 어떤 상황이 와도 덜 흔들릴 것이다.

그럼, 이제 몇 가지 소주제로 글을 써 보자.

**첫째, 아쉬움으로 남은 일은?**

친정아버지 생전에 우리 집에서 따뜻한 밥 한 끼를 대접해 드리지 못했던 일이다. 치매를 앓으시던 아버지가 처음 가신 요양원은 시골에 있는 가정요양원이었다. 두 동짜리 건물이었는데, 한 동은 남자 어르신들이 꽉 찼다고 여자분들만 있는 다른 동에 거주하셨다. 아버지의 방은 침대가 두 개 놓여 있었지만, 남자 어르신이 한동안 들어오시지 않아서 홀로 거주하셨다. 한 번씩 뵈러 가면 아버지는 집에 오고 싶어 하셨다. 어눌한 목소리로 동생에게 차를 가지고 왔냐고. 차를 가지고 왔으면서도 안 가지고 왔다고 말하면, 그럼 앰블런스를 부르면 되지 않냐고 하셨던 아버지. 그런 아버지를 집에 모시고 와서 따뜻한 밥 한 끼를 해드리지 못한 거다. 아버지를 생각하면 지금도 마음이 아리다. 아버지가 술을 좋아하셔서 어릴 때 긴장감을 부르는 분위기가 자주 있었지만, 아버지와 함께한 기억이 많아서인지, 아버지가 돌아가셨을 때 내 편이 영영 떠나버렸다는 생각을 했다. 얼굴도, 메모하는 성향도 내가 제일 아버지를 많이 닮았으니까. 쓰면서 아린 마음이 조금씩 옅어졌다. 내게 아쉬움으로 남은 일은 무엇인지 찾아 써보자.

**둘째, 서운했던 순간을 탈탈 털어볼까?**

살다 보면 서운했던 순간이 한두 번만 있을까마는, 최근 몇 년 전으로 거슬러 올라가면 곰국이 생각난다. 곰국을 한 솥 끓인 엄마는 동생에게 곰국을 가지러 내려오라고 하셨다. 엄마는 남동생에게만 한 찜통을 보내고, 남동생 집과 차로 5분도 안 되는 거리에 있는 나에게는 아무것도 챙기지 않으셨다. 나는 알아서 밥을 잘해 먹는다는 이유였지만, 못내 서운했다. 엄마는 내가 어릴 때도, 지금도 딸에게는 관심과 애정이 없으시구나 싶었다.

기대를 걸다 보면 서운한 순간이 늘어나는 것 같다. 되도록 누구에게든 기대를 하지 말자고 생각을 하면서도 사람인지라 마음이 잘 안 다스려질 때가 생긴다. 서운함을 오래 품고 있어봤자 나만 손해니까, 글 한번 쓰고 툭 털어버리려고 한다. 글로 다 하소연을 하고 잊어버리려고 한다. 당신도 서운했던 순간을 탈탈 털어보면 어떨까?

**셋째, 인생에서 가장 슬펐던 순간은?**

아버지가 돌아가셨을 때다. 할아버지, 할머니는 엄마가 시집을 가기 전에 이미 돌아가셨기 때문에 전혀 얼굴을 모른다. 외할머니는 내가 학교 들어가기 전에 돌아가셨고, 외할아버지는 대학생 때 돌아가셨다. 가족의 이별을 실감하지 못하고 살 때 아버지가 떠나셨다. 아버지가 위독하시다는 전화도 내가 받았고, 병원에 제일 먼저 달려간 사람도 나였다. 임종을 지켜서인지 더 생각이 난다. 아버지가 돌아가시기 전부터 집 앞 슈퍼마켓 상품대에 진열되어 있던 조화가 눈에 띄었다. 추석을 앞두고 있어 그런지 몰라도 그전에는 보지 못했던 조화가 유독 눈에 들어온 거다. 동생은 아침에 형광등이 "퍽!" 하고 나가더라는 이야기를 했고, 몇 년을 함께 산 애완견 토토가 죽던 날 입던 옷을 입었다고 했다. 다 우연의 일치겠지만, 아버지는 그날 돌아가셨다. 의식이 없던 아버지의 손을 잡고 말했다. 고생하셨다고, 잘 가시라고, 이젠 아프지 말라고, 편히 쉬시라고.

내가 이렇게 글쓰기에 흥미가 있는 건 아버지의 피를 물려받아서 그런 게 아닌가 싶다. 어릴 때 아버지 방에는 볼펜과 사인펜이 꽂힌 나무 연필꽂이가 있었다. 수첩에 자식 주소, 연락처 등을 꼼꼼하게 기록하셨다. 아버지가 치매에 걸리신 이후 그 연필꽂이는 먼지를 뒤집어쓴 채 놓여 있었다. 점점 시들어가는 아버지처럼 보여서 집에 들고 왔다. 내가 초등학교 때 아버지가 여행 갔다 사 오신 거라서, 오랜 세월을 품고 있는 물건이다.

슬픔은 풀어놓아야 한다. 슬프다고 그 슬픔을 드러내지 않고 있으면 그 덩어리가 더 단단하게 뭉쳐져 오래되면 잘 풀어지지 않을 것 같아서다. 울고 싶으면 울고, 충분히 그 슬픔을 느낄 시간을 주어야 한다. 슬픈 일이 생기면 그 슬픔을 글로 다 풀어내고 그것에서 한 발짝 물러 나오고 싶다. 인생에서 가장 슬픈 일을 쓰다 보면 흙먼지 가득한 날 비가 와서 흙먼지를 말갛게 씻어 주듯이 슬픈 마음도 씻겨나간다.

**넷째, 당신 기분을 좋게 할 회복 방법은?**

오늘 아침에 나는 감기로 인해 컨디션이 안 좋았다. 예정된 합평 모임은 아파서 못 가겠다고 했다. 오후에는 마지막 수업을 하는 중3이 있고, 그 아이의 선물 포장도 해야 했다. 주문한 구두도 찾아와야 하고, 장도 봐야 하고, 책도 써야 하고, 책도 읽어야 하고, 할 일이 차고 넘쳤다. 몸이 으슬으슬 춥길래 거실에서 이불을 뒤집어쓰고, 따끈한 검은콩 두유와 토마토, 그리고 삶은 계란 하나와 찐 고구마로 아침을 먹었다. 넷플릭스에서 덕질 가수의 콘서트 영화 〈아임 히어로 더 스타디움〉을 보면서. 에너지가 끌어올려졌다. 상황과 기분, 여건에 따라 다르지만, 회복 방법은 많으면 많을수록 좋다. 내가 무엇에 회복되는지, 무엇이 기분을 좋게 하는지 회복 방법을 자잘하게 쪼개어 들여다보면 꽤 많다는 걸 느끼게 된다. 가급적 뭉뚱그려서 쓰지 말고 자세하게 쓰면 좋다. 걸으면 기분이 좋아진다보다는 햇살이 비치는 강변 산책로를 따라서 천천히 걸으면 기분이 좋아진다가 더 낫다. 쓰면서 그 이미지가 떠올려지기 때문에 그 효과가 더 빨리 스며듦을 경험한다.

내 삶에서 글쓰기는 빠질 수 없는 요소이다. 글쓰기를 하지 않았어도 어떻게든 살아가긴 했겠지만, 지금보다는 조금 팍팍한 인생을 살지 않았을까 싶다. 나를 오래 봐온 사람들은 내가 글쓰기에 늘 흥미가 있음을 안다. 아직 글을 써서 경제적 이득을 봤다고 말할 수는 없지만, 나를 정신적으로 지지해 주는 역할은 톡톡히 했다. 주변 사람에게도 곧잘 쓰기를 권한다. 노후에 글쓰기 치유 선생님이 되고 싶기도 하다. 예전에 지역아동센터에서 독서 지도 교사로 근무할 때 만났던 사회복지사 선생님을 오랜만에 만났다. 글쓰기 치유 선생님은 이때 이야기를 나누다 문득 든 생각이다. 누가 이끌어 주는 게 아니라, 좋아하는 일에 대해서 생각하고 사람들에게 이야기하는 과정에서 새롭게 꿈이 발견되기도 한다. 지금껏 글을 쓰며 내가 받은 상처를 치유하면서 살아왔다. 글을 쓰면 그 상처가 덧나지 않았기에, 치유의 힘을 믿는다. 쓰는 만큼 치유된다.

### 오늘의 한 줄 요약

쓰는 만큼 치유된다.
1) 아쉬움으로 남은 일은?
2) 서운했던 순간을 탈탈 털어볼까?
3) 인생에서 가장 슬펐던 순간은?
4) 당신 기분을 좋게 할 회복 방법은?

# 나를 발견하는 글쓰기

"'어느 회사의 누구'로서가 아닌, '어떤 일을 하는 나'로서 살아보자. 내가 하는 일로 나를 설명할 수 있다면 두 번째 퇴직은 없다."

**오피니언 필사를 위해** 신문을 읽다가 눈에 들어온 글이다. 2025년 3월 31일 자 동아일보 A28면에 실린 정경아의 퇴직 생활백서 글 중 일부분이다. 꼭 퇴직과 연관 짓지 않더라도 내가 하는 일로 나를 설명할 수 있는지 생각해봤다. 16년째 독서지도사로 일하며 읽고 쓰는 사람으로 살아간다. 아직 그 이름을 통통하게 살찌우진 못했지만, 어느 정도는 내가 하는 일로 나를 설명할 수 있구나 싶다. 앞으로 주어진 시간은 더 부지런히 글을 쓰며 나를 만들어 가야겠다고 다짐했다.

내가 나를 잘 아는 것 같아도 가끔 낯선 나를 마주할 때가 있다. '나한테 이런 면도 있었어?' 하는 순간이 오기도 하고, 나를 잘 안다고 생각하면서도 진정한 내 모습에 대해 혼돈이 생기기도 한다. 잔잔한 질문에 대답하며 나를 발견하러 가보자.

첫째, 내가 누리고 싶은 자유는?

앞으로 이런 자유가 올지 모르겠지만, 책을 읽고 싶을 때 마음껏 읽고, 쓰고 싶을 때 양껏 쓸 수 있는 자유다. 지금은 본업과 일주일에 한 번 있는 센터 수업까지 겸하고 있어 바쁘다는 말을 입에 달고 산다. 수업 필독서는 제외하고, 내가 읽고 싶은 책 읽기와 쓰기에 갈증을 느낀다. 초등부터 중등까지 수업을 해야 하니, 매달 읽어야 할 새로운 수업 필독서가 쌓여 읽을거리에 치인다. 읽는 건 좋아하지만 일이 되어 정해진 책을 읽어야 하니, 읽고 싶은 책에 허기가 질 때가 많다. 내가 누리고 싶은 자유를 실천하기 위해 무엇을 하면 될지 생각해보기도 한다. 당신은 어떤 자유를 갈망하고 있나?

둘째, 학창시절 어떤 학생이었나?

존재감 없는 학생이었다. 있는 듯 없는 듯, 있어도 표 안 나고, 없어도 표 안 나는 그런 조용하고 부끄럼 많은 소녀였다. 지금은 아이들과 함께 수업을 하고 있어서, 매일 하는 일이 말하는 일이다 보니 성격이 좀 변했지만, 어릴 때는 얼굴이 심심찮게 복숭아처럼 붉어졌다. 그 성격은 대학생 때까지 이어졌다. 오죽했으면 대학교 1학년 때 모 선배가 내게 쓴 편지도 "분홍빛 코스모스 같은 소녀야!"로 시작했을까. 그때도 부끄러움과 수줍음은 그림자처럼 내게 붙어 다녔다.

학창시절 때의 나와 지금의 나를 비교해 봤다. 외향적인 성격은 아니지만, 지금은 덜 부끄러워한다. 내성적인 면이 있어도 꼭 하고 싶은 말은 하고 산다. 아이들을 가르치며 지내온 시간이 나를 좀 바꿔놓았구나 싶다. 학창시절, 당신은 어떤 사람이었는지 써보자.

**셋째, 나의 장단점은?**

정이 많고 대인관계가 원만한 편이다. 책 읽기와 글쓰기를 좋아하고, 부지런하다. 몸이 피곤하더라도 정성을 들여 무언가 하는 걸 좋아한다. 그게 나를 향한 것이든, 남을 위한 일이든 내 마음에 들어온 일은 시간을 쏟고 마음을 다한다. 관심이 가는 일은 끈기 있게 끝까지 해내고자 하는 편이고, 무엇보다 밝은 성격이다. 단점이라면 좋고 싫음의 구별이 뚜렷하다는 것이다. 사람에 대해서도 그 정도가 명확해서 한번 싫다고 정의 내린 사람에게는 쉬이 마음의 문이 열리지 않는다. 또 자존심이 강하고 고집도, 뒤끝도 있다. 장점과 단점을 쓰다 보니, 단점은 좀 고쳐야 되지 않을까 싶다. 당신의 장단점은?

**넷째, 건강을 위해 노력하고 있는 건 뭘까?**

되도록 자연식을 먹으려고 한다. 과자 킬러였는데, 밀가루를 멀리하려 애쓴다. 맵고 짠 자극적인 음식과는 절친으로 지내지 않으려 한다. 명절에 시동생이 선물해 준 마키타 젠지의 《식사가 잘못됐습니다》를 수험생 참고서 보듯이 읽었다. 그전에도 건강 관련 책을 많이 읽긴 했다. 남편이 처음 암 진단을 받았을 때는 내가 미디어와 별로 친하지 않아서 유튜브를 잘 보지 않았다. 참고할 건 책밖에 없어서 닥치는 대로 건강 서적을 챙겨 읽었다. 자연스레 건강 관리에 민감한 사람이 되어갔다. 그 후 시동생이 선물한 그 책을 읽고서 정리가 되었다. 내가 검사받던 대학병원 소화기 내과 교수님이 말씀하셨다. 건강하게 살려면 몸에 좋은 걸 먹으려고 하기보다는 우리가 익히 알고 있는 몸에 해로운 음식을 멀리하면 된다고. 유튜브나 TV에서 본 건강 정보라든지, 책에서 본 내용도 핵심을 추려 적어놓는다. 지금 우리 집 부엌에도 A4용지에 적은 건강 관련 내용이 손 코팅되어 걸려 있다. 건강을 위해 운동에 투자하는지, 먹거리에 진심인지, 규칙적인 수면습관을 위해 일찍 잠자리에 드는지 등을 살펴보면 건강에 더 관심을 쏟아야겠다고 다짐할지도 모른다.

**다섯째, 당신의 좋은 점은 무엇인가?**

열정이 많다는 소리를 제법 들었다. 한번 마음에 꽂힌 일은 힘이 들어도 끝까지 해내는 편이다. 누군가 내게 베풀어준 것이 친절이든, 따뜻한 마음이든, 물질적인 것이든 시간은 걸려도 갚는다. 당신은 어떤 좋은 점을 가지고 있나?

나는 내가 사랑하는 것을 써 보는 게 좋다. 쓰는 것만으로도 그 대상을 떠올리기 때문에, 입가에 미소가 절로 번진다. 내게 가까이 두기 위해서 무의식적으로 끌어당긴다는 느낌도 든다. 내가 사랑하는 것은 보험처럼 마음에 어떤 생채기가 났을 때, 혹은 나려고 할 때 예방뿐만 아니라 치료도 해준다. 좋아하는 것이 많으면 많을수록 좋다. 당장 연필을 꺼내서 좋아하는 것을 나열해 보자. 왜 좋은지 이유를 생각해보고, 적어 봐도 좋겠다.

내 기분이 좋아지는 방법은 걷기, 정리하기, 글쓰기, 책 읽기, 덕질하는 가수의 노래 영상을 보거나 듣기, 글쓰기 강의를 듣거나, 기분을 확 풀어주는 소소한 물건을 하나 사는 것이다. 어쩌다 가끔 지름신이 내리면 책을 한꺼번에 많이 사기도 한다. 쇼핑하기도 있는데, 쇼핑하기라고 해서 옷이나 신발 등을 마구 사는 게 아니라, 딱 그날 기분에 따라 고른다. 비싼 금액이 아니더라도 내가 사고 싶은 걸 샀다는 데 만족감을 둔다. 문구점에 나가서 마음에 드는 수첩을 샀을 때도 기분이 확 풀어지기도 한다. 스스로 화를 억누르게 하면서 속상한 마음을 어루만지는 약손 같은 해결책이 여러 가지가 있으면 좋다. 자주 내가 좋아하는 것과 스트레스 해소 방법에 대해서 쓰면, 내게 찾아온 상황에 오래 짓눌리지 않고 대처하게 된다.

나는 글을 쓰면서 나를 찾아간다. 어떤 사람인지, 어떤 상황이 상처가 되고, 어떤 일이 나를 들뜨게 하는지, 앞으로 무엇을 해야 할지 글을 통해 정리를 한다. 복잡한 생각도 하나하나 끄집어내서 쓰다 보면, 저절로 머릿속이 환해지는 느낌이 든다. 앞으로도 글을 쓰면서 나대로의 삶의 방식을 제대로 지켜나가고 싶다. 쓰면서 몰랐던 나를 발견하고, 우리 안에 있는 우주를 발견하자.

### 오늘의 한 줄 요약

글을 쓰면서 나를 발견해 보자.
1) 내가 누리고 싶은 자유는?
2) 학창 시절 어떤 학생이었나?
3) 나의 장단점은?
4) 건강을 위해 노력하고 있는 건 뭘까?
5) 당신의 좋은 점은 무엇인가?

04

# 자존감을 높이는 글쓰기

"자기를 겁쟁이라고 생각지 마라. 사람은 고운 마음씨만 있으면 해야만 하는 일은 꼭 해내는 법이지. 그걸 보고 다들 놀라는 거야."

**내가 좋아하는** 그림책 사이토 류스케의 《모치모치 나무》에 나오는 문장이다. 겁 많던 다섯 살 아이 마메타가 모치모치 나무를 통해 진정한 용기를 배우는 이야기다. 나는 어릴 때부터 겁이 많았다. 어두움도 무서워한다. 초등학교에 다닐 때는 엄마가 밤에 심부름을 시키시면 시골이라 가로등도 많지 않아 무서워서 100m 달리기하듯 뛰었다. 여고 때 야간 자율학습을 마치고 집에 돌아오는 길에도 숨이 턱까지 닿을 때까지 헐떡거리며 뛰었다. 어둠만 무서워한 게 아니라, 무언가 안 해본 일을 시작할 때면 겁을 잔뜩 먹었고, 새로운 장소에 혼자 가는 일도 어려워했다. 어른이 되고서도 기질이라는 게 하루아침에 달라지는 게 아닌지라, 아직 조금은 겁이 많은 사람이다.

  이 그림책을 읽으면서 용기를 얻었다. 고운 마음씨만 있다면 하고자 한 일을 무사히 잘 해낼 수 있을 거라는 위안을 받았다. 나는 자존감이 낮은 사람이었다. 물질적, 정신적으로 결핍을 많이 느끼고 자랐기 때문에, 스스로 모자람이 많은 사람으로 알고 살았다. 겁까지 많다 보니 나를 더 쪼그라들게 만들었다. 어른이 된 지금도 밤은 싫어한다. 싫어한다기보다는 어둠을 좋아하지 않는다. 가로등이 환하게 켜진, 오고 가는 사람들이 있는 산책길을 걷거나, 집 근처 책방에서 열리는 작가 북토크와 집 앞 도서관 글 모임 정도는 부담이 없다. 그 외 밤 외출은 별로 좋아하지 않는다.

  어떤 일을 시작할 때, 가져야 할 용기는 어릴 때보다는 많아졌다. 나이가 들어갈수록 인생의 유한함을 느껴서인지, 이제는 '일단 해보자. 안되면 말고.'라는 정신이 생긴 건 맞다. 머뭇거리기엔 살아온 날보다 살아갈 날이 더 짧으니까, 하나하나씩 하고 싶은 일에 용기를 내어볼까 한다.

  <u>스스로</u> 내가 못나 보여서 자존감이 낮아질 때는 내게 힘이 되는 말을 떠올린다. 나를 인정해 준 한마디의 말, 한 줄의 문장을

곱씹으면 힘이 난다. 진심인지, 그냥 던진 한마디 말인지 나는 알지 못한다. 그게 나를 살리는 말이 되고, 나를 키우는 말이 되기도 한다. 위로의 말로 받아들인다. 하는 일을 멈추지 않고 계속 나아가게 한다.

 oo 아동센터에서 독서 지도 교사로 일하며 3년간 친분을 유지했던 K 복지사 선생님은 내가 사는 모습을 보고는 가끔 잔잔한 감동을 받으신다고 했다. 자격증 과정 수업을 듣고, 바쁘게 일하면서 아등바등 살 때였는데, 이렇게 말해주시니 '아, 그래도 내가 잘못 살고 있지는 않구나!' 하는 격려의 말을 들은 듯했다. P 시인님은 동시집에다 사인해 주시며 "김영서 시인, 반짝거리는 동시들로 아이들을 기쁘게 할 수 있는 역량을 가졌어요."라고 말씀하셔서 동시인으로 계속 힘을 내면 되겠구나 싶었다. K 시인님은 "영서 선생님은 카피라이터 기질이 좀 보여요."라고 말씀하셨다. 지나가는 투로 훅 던진 말씀이었지만, 몇 년이 지난 지금까지 또렷이 내게 남아 있는 것을 보면, 쓰는 사람으로 계속 살아가게 만드는 용기 한 스푼을 얹어준 말이 아니었나 싶다.

 2년 전 K 작가님 북토크에 갔을 때 일이다. 작가님과 친한 다른 시인님께 나를 '기대되는 분이며 머지않아 빛나는 사람이 될 거'라고 소개하셨다. 인사성 치레로 그냥 한 말일지도 모른다. 많은 사람이 북토크 시작 전, 분주하게 작가님과 인사를 주고받던 상황이었다. 그때 내 귀에 꽂힌 말은 '빛나는 사람'이었다. 내 가슴에 훅 날아와 자리 잡았다. 나도 꼭 빛나는 사람이 될 거라고.

  내가 들은 힘이 되는 말을 적어두면 좋다. 배고플 때 꺼내 먹는 간식처럼 자존감이 떨어질 때 그 말을 떠올리면 다시 나아가게 만든다. 가끔은 내가 몰랐던 내 능력도 발견하게 되니까. 나를 인정해 준 한마디의 말, 한 줄의 문장을 곱씹으면 힘이 난다. 자존감을 높이기 위해서 이런 글쓰기를 해보면 어떨까?

  **첫째, 남들에게 인정받았던 순간은?**

  수업했던 아이의 어머니께 받은 찬사가 생각난다. 다리 찢기를 유독 잘한 oo이의 어머니는 이제껏 만난 선생님 중에서 정말 최고라 할 수 있을 정도로 많은 도움을 받았다며 감사하다고 했다. 나에게 수업을 받아서 많이 성장했다는 말을 들으면, 더 성심을 다해서 가르쳐야겠다고 다짐한다. 더불어 지금 내가 하고 있는 일에 자부심을 가지게 되고, 인정해 주는 만큼 더더욱 그런 사람이 되어야겠다는 마음도 모으게 된다. 가족에게, 친구나 직장동료 등 주변에 있는 사람으로부터 받은 인정의 순간은 꼭 있을 것이다. 거창하지 않아도 된다. 이런 말을 모으면 나도 꽤 괜찮은 사람이구나 싶어서, 쪼그라드는 자존감이 올라간다. 그냥 내가 들은 좋은 말을 부지런히 모으기만 하면 된다.

**둘째, 내가 괜찮은 사람인 이유는?**

긍정적이며 꿈을 가지고 희망찬 미래를 내다본다. 나를 가까이 들여다보는 사람은 내게 좋은 에너지를 얻고, 내가 하고 있는 것을 아이디어가 좋다며 따라 하기도 한다. 알고 있는 쓸만한 정보를 관심 있어 할 만한 사람에게는 아낌없이 나눈다. 내가 괜찮은 사람인 이유를 쓰다 보면, '이만하면 나 괜찮은 사람인데, 나를 멀리하면 당신이 손해지 내 손해가 아니야.' 이런 당당한 마인드가 생기기도 한다. 셀프 칭찬하기에 좋은 방법이다. 내가 나를 괜찮은 사람으로 여겨야 남도 그렇게 보지 않을까. 그러니 최대한 나를 칭찬할 거리들을 찾아 써 보자.

**셋째, ~하고 싶다 시리즈로 글쓰기.**

라디오에서 들은 것인지 아닌지 정확하진 않지만, 사진이 없으므로 라디오에서 듣지 않았나 싶다. 이사 오기 전에 살던 집에는 주방 창문 위쪽에 라디오를 달아 놓았었다. 고장이 나는 바람에 채널이 EBS에만 고정되어 있어서, 설거지할 때나 요리할 때는 EBS만 청취했다. 영어프로그램, 부모 상담 등 EBS라 그런지 교육 프로그램 위주였다. 프로그램 제목도 생각이 안 난다. ~하고 싶다 시리즈로 30편의 글을 써 보라고 했다. 그 당시 나는 ~하고 싶다 시리즈로 10편의 글을 썼다. 메모하는 걸 즐기면서도 설거지나 요리하는 중이어서 그랬는지 정확한 날짜와 프로그램, 누가 한 말인지는 써 놓지 않았다. 내가 쓴 10편의 제목은 이렇다. '나는 용서하고 싶다', '보고 싶다', '가고 싶다', '쓰고 싶다', '읽고 싶다', '믿고 싶다', '살고 싶다', '주고 싶다', '만나고 싶다', '털고 싶다'이다.

~하고 싶다로 글을 쓰다 보면, 사고도 능동적으로 바뀌게 된다. 마음에 깊숙이 넣어 둔 무언가를 탈탈 털어버린다는 느낌이 들었다. 아무한테도 말하지 않았던 그 어떤 이야기를 양지바른 곳에 꺼내 두고 바람을 쐬워주는 느낌이랄까. 말간 기분이 들 테니, 그 어떤 주제라도 당신 안에 있는 ~하고 싶다를 꺼내 보기 바란다.

**넷째, 어떤 일을 할 때 가장 뿌듯한가?**

나는 책 읽기와 글쓰기를 할 때다. 설거지가 쌓여 싱크대가 설거짓거리로 가득 차도, 햇살 좋은 날 미처 바깥 구경을 못한 날이라도 종일 읽고 쓰는 데 시간을 많이 할애했다면 오늘 하루 잘 살았다는 생각이 든다. 바쁜 하루에 쫓겨 읽기, 쓰기를 못 한 날이면 하루가 공허한 느낌이다. 꼭 해야 할 뭔가를 놓친 사람처럼, 뭐 한다고 못 했나 자책을 한다. 쓰지 않은 하루는 알맹이가 텅 빈 앙꼬 없는 찐빵 같은 하루랄까. 서서히 읽고 쓰는 사람으로 체화되어 가는 건가 싶다. 주문한 책이 오는 날에는 선물 포장을 뜯는 아이처럼 빨리 열어보고 싶어 설렌다. 사람마다 어떤 일을 할 때 느끼는 뿌듯한 지점이 각자 다를 것이다. 운동 마니아면 마음먹은 대로 양껏 운동했을 때, 요리가 취미인 사람은 근사한 요리를 완성했을 때, 뿌듯함을 느낄 수도 있다. 어떤 일에서 뿌듯함을 느끼는 건 그 사람의 고유한 영역이니, 그 순간을 마음껏 드러내 보자. 설거지를 완벽하게 해서 뿌듯함을 느끼는 것도 귀한 일이니까.

남들은 내가 생각하는 것보다 내 말과 내 생각과 내 글, 내 행동에는 관심이 없다. 내가 '항상 그럴 것'이라며 지레짐작으로 그 무엇을 선뜻 행하지 못하거나 멈추게 되기도 한다. 외출할 때 가끔 옷이나 머리에 신경을 쓰면서 딸에게 차림새가 어떠냐고 묻곤 했다. 그럴 때마다 딸은 엄마한테 아무도 관심을 기울이지 않는다고 말했다. 즉, 다른 사람이 나를 신경 쓰지 않는다는 뜻이다. 점점 눈치를 덜 보는 사람으로 변해간다.

정신과 의사이자 작가인 윤홍균의 《자존감 수업》에서 자신을 사랑하면 인생이 심플해진다고 했다.

"혼자 길을 걸어도 좋아하는 친구와 함께하는 느낌이 든다. 외로움이 느껴져도 많이 괴롭지 않고, 방황할 때도 사랑하는

'나'에게 조언을 구할 수 있다. 그렇다고 외톨이가 되는 것도 아니다. 자신을 사랑하는 사람은 혼자가 되는 것을 두려워하지 않기 때문에 자신감이 있다. 이 자신감이 타인과 있을 때 생기는 불안감을 없애준다."

자존감이 낮아진다는 생각이 든다면 기억에 남는 한마디, 내게 힘이 되는 한마디를 곱씹어 보자. 누가 오며 가며 던진 말이 나를 살리는 말이 될지도, 나를 키우는 말이 될지도 모른다. 무심코 건넨 한마디의 말이 한 시기를 거뜬히 버텨내게 하고, 내내 살아갈 용기를 줄 수 있다. 지금 하는 일에 좌절하지 않고 앞으로 나아가게 하는 힘을 준다. 나를 인정해 준 한마디의 말은 분명 뭉텅이로 있을 거다. 떠올리지 못했을 뿐이니까.

> **오늘의 한 줄 요약**
>
> 자존감이 낮다는 생각이 든다면 내게 힘이 되는 한마디를 곱씹어 보자. 나를 살리는 말이 될지도, 나를 키우는 말이 될지도 모른다.
>
> 1) 남들에게 인정받았던 순간은?
> 2) 내가 괜찮은 사람인 이유는?
> 3) ~하고 싶다 시리즈로 글쓰기
> 4) 어떤 일을 할 때 가장 뿌듯한가?

# 나의 비전을 찾는 글쓰기

"명확한 목적이 있는 사람은 가장 험난한 길에서도 앞으로 나아가고, 아무런 목적이 없는 사람은 가장 순탄한 길에서조차 앞으로 나아가지 못한다."

영국의 역사가 토머스 칼라일의 말이다. 예전에는 미래에 대한 계획이 거창했다. 한창 의욕이 불탔을 때는 버킷리스트 항목이 100개를 넘었다. 지금도 버킷리스트는 여전히 존재한다. 다만 예전 버킷리스트가 종류별로 다 갖춰놓은 대형마트 수준이었다면, 지금은 시골 점방이다. 단출하게 꼭 필요한 물건만 있는. 찾는 이가 없으면 먼지를 뽀얗게 뒤집어쓰고 자리만 차지하는 물건도 있겠지만 한눈에 둘러보면 다 보이는 점방이다. 이루고 싶은 목표가 대형마트에서 점방으로 바뀐 이유는 생의 유한함을 새롭게 절실히 느낀 사건이 있었기 때문이다.

멕시코 소설가 라우라 에스키벨은, "사람들은 각자 살아남기 위해 자신의 불꽃을 일으켜 줄 수 있는 것이 무엇인지 찾아야만 합니다. 그것이 영혼을 살찌우지요."라고 했다. 이 문장을 읽고 생각해 봤다. 살아남기 위해 내 불꽃을 일으켜 줄 수 있는 것이 무엇인가 하고. 저마다 가진 불꽃을 일으켜 줄 수 있는 것이 다르다고 생각한다. 비전을 찾을 수 있는 질문 7가지를 제시해 보았다.

첫째, 꿈은 무엇인가?
둘째, 우리 아이에게 어떤 부모로 기억되고 싶나?
셋째, 무엇을 할 때 행복함을 느끼는가?
넷째, 어떤 일에 의미를 느끼는가?
다섯째, 앞으로 어떤 사람들을 만나고 싶은가?
여섯째, 3년 혹은 5년 뒤에 어떤 모습이고 싶은가?
일곱째, 실현하고 싶은 가치가 있는가?

올봄 사회인이 된 딸아이는 무엇을 해야 할지 방황한 시간이 길었지만, 드디어 불꽃을 일으켜 줄 수 있는 것을 찾은 듯하다. 패션 디자인을 전공한 딸은 옷에 관심이 많다. 기억을 되살려보면, 어린이집을 다닐 때부터 그 씨앗이 싹 트고 있었던 것 같다. 내가 골라 준 옷을 입기보다는 자기가 입고 싶은 옷을 입고 어린이집에 가고 싶어 했다. 가끔 무더운 여름에는 모자에 털이 푹신하게 달린 겨울 코트를 입고 가겠다고 하고, 한겨울에는 얇은 원피스와 샌달을 신고 가겠다고도 했다. 달래다가 안 되면 성질을 버럭 내기도 했다. 이래도 저래도 말을 듣지 않으면, 너 좋을 대로 입고 가라며 그냥 보냈다. 대신 내 손에는 겨울 외투가, 때론 반바지와 티셔츠를 담은 종이봉투가 들려있었다. 어린이집 선생님께 몰래 전달하며 나중에 갈아입혀 달라고 했다. 7살 때 고사리손으로 삐뚤빼뚤 쓴 편지에도 "엄마, 나 예쁜 목티 사 주세요."라고 적혀있다. 인형을 사 달라는 편지를 쓴 적도 있지만, 딸은 어릴 때부터 예쁜 옷을 좋아했다. 이 편지를 받고 나서 나는 보라색 목폴라 티셔츠를 사 줬다. 딸이 마음에 들어 하는 눈치라고 일기에 남겼다. 의류 회사에 들어간 딸이 어떻게 불꽃을 일으켜 나갈지 기대가 된다.

　백영옥의 《빨강머리 앤이 하는 말》에도 "못하는 걸 잘하려고 자책하며 노력하는 일보다, 잘하는 걸 조금 더 잘할 수 있게 정성을 쏟는 일이 어쩌면 삶을 더 윤택하게 만드는 일인지도 모른다."는 문장이 나온다. 격하게 동감한다.

나는 눈썰미가 없는 편이라 뜨개질이나 종이접기, 북아트 같은 걸 잘하지 못한다. 한때 북아트 자격증을 따보겠다고 오프라인 수업을 들었지만, 재미가 없었다. 첫 수업을 놓치고 두 번째 수업부터 들으니, 따라가기가 힘들었다. 첫 시간에 이미 북아트에 대한 기초는 다 마친 상태였고, 수업 2회차 때부터는 강사님이 만드는 걸 보고 두세 개를 수업시간 안에 다 만들어야 했다. 속도가 빨라서 설명을 듣는데도 따라가기가 벅찼다. 옆 사람한테 계속 물어보기도 눈치 보였고, 수업시간 내내 스트레스가 폭발할 지경이라 수업 듣기를 그만두었다. 잘하지 못하는 뜨개질이나 종이접기, 북아트는 배우는 과정을 제대로 못 따라가서 위축될 게 뻔했다. 손재주가 탁월한 지인을 떠올리며 '나는 왜 이렇게 눈썰미가 없을까. 손재주가 왜 이 모양인지 한탄을 하겠지. 그럴 바에야 삶에 꼭 필요한 일도 아닌데 굳이 배우지 말자. 차라리 내가 잘하는 쪽으로 승부를 걸어보자.'라고 생각했다. 요즘 그 3종 세트에는 눈길도 안 준다. 메모하고, 글 쓰고, 책 읽고. 내가 시간 가는 줄 모르고 즐겁게 할 수 있는 놀이가 많은데, 굳이 못 하는 걸 자책하며 해야 할까 싶은 생각이 든 거다.

각자 그 불꽃을 일으킬 대상은 다르겠지만, 글쓰기는 누구한테 빚지지 않고도 얼마든지 자기 힘으로 불꽃을 일으켜 줄 수 있는 일이라고 생각한다. 《인간이 그리는 무늬》에서 최진석 교수는 말한다.

"인간은 내가 나인가? 하는 질문을 항상 해야 합니다. 내가 나 아닌 다른 것의 노예로 살고 있지 않은가? 하는 질문을 항상 자기한테 해야 돼요. 삶은 자기가 사는 것이기 때문입니다. 이타적이든 이기적이든 삶의 활동성은 오직 자기에게만 비롯됩니다. 자기를 버리는 일마저도 '자기'가 해야 하는 일입니다. 자기가 하는 일과 내적인 활동성과의 거리가 멀면 멀수록 사는 일이 불안하고 피곤하며 뭔가 고갈되어 가는 느낌이 들고, 총체적으로 재미가 없습니다."

대학에 들어가 어떤 전공을 선택하든, 졸업한 후 어떤 직장을 선택하든 자기를 좀 더 자세히 들여다봐야 후회 없는 선택을 할 수 있다고 믿는다. 앞에서 언급한 딸아이만 해도 처음 대학에 입학해서 전공을 선택할 때는 AI 학과를 선택했다. 고등학교 때까지 사춘기로 방황하는 시간이 길었다. 뒤늦게 마음을 잡고 공부를 시작했기 때문에, 대학 선택의 폭이 넓지 못했다. 고3 담임 선생님이 앞으로 전망이 좋을 것 같다며 AI 관련 학과를 추천했다. 딸도 그 학과로 가겠다고 했기 때문에 다른 선택을 강요하지 않았다. 입학 후 채 한 달이 안 되어 딸은 자퇴를 하겠다고 했다. 강의를 듣는데 무슨 말인지 하나도 못 알아듣겠다고 했다. 몇 달 더 다녀 볼 필요도 없이 자기에게는 진짜 안 맞는 과니, 더 다녀봤자 시간 낭비라고 했다. 남편과 나는 본인이 아니라고 한 건 옆에서 어떻게 구워삶아도 안 되는 평소 딸아이의 성격을 잘 알아서 동의를 했다. 애초부터 딸에게 맞지 않는 과였는데, 왜 그 과를 선택하게 놔뒀는지 오히려 내가 더 미안한 생각이 들었다. 1년을 쉬고 다음 해 딸은 패션 관련 학과에 입학했다.

"누가 이러저러해야 한다고 말해주면 그렇게 하려고 애쓸 뿐, 그것이 뭔지 자신들이 무엇인지 절대 알지 못하죠. 대번에 그들은 아무도 아닌 사람이 되어 버리는 겁니다. 무엇보다도 우리는 과감히 자기 자신이고자 해야 해요."

밀란 쿤데라의 소설《농담》에 나오는 문장이다. 누가 '너는 이게 잘 맞더라.' 하며 조언해 줄 수는 있어도, 누구보다 나 자신은 내가 잘 알기 때문에 나를 따라가야 한다고 생각한다. 딸만 보더라도 남의 판단에 나를 맡길 것이 아니라, 내가 나를 좀 더 자세히 꿰뚫어

보고 판단을 내려야 하는 것이 올바르다고 믿는다.

수업받는 oo이라는 아이가 6학년 때 일이다. 수업의 주제가 꿈, 목표였다. 꿈이 뭐냐고 물었더니, 명품가방을 사는 거라고 했다. 명품가방을 많이 사서 쭈욱 진열해 놓고 싶다고 했다. 자기는 공부를 열심히 해서 좋은 회사에 들어갈 것이고, 월급을 받아서 명품가방을 많이 살 거라고 했다. 집에서 엄마도 그렇게 하고 있다며, 명품가방을 바라보고 있으면 뿌듯함이 든다고 했다. 사람마다 삶의 목표와 가치관이 다 다르기에, 잘못이라고 할 순 없다. 명품가방을 사 모으는 것도 꿈이 될 수 있을 테니까. 다만 '무엇을 하며 살고 싶다.'보다는 명품가방 사는 것에 목표를 두고 공부에 열을 올리는 아이의 이야기에 착잡한 기분이 들었다. 똘똘하고 야무진 아이라 더 큰 꿈을 꿨으면 좋겠다고 생각했다.

나만의 비전을 생각할 때도 머릿속에만 넣어 두기보다는 설계도를 짜 보는 게 어떨까. 집을 지을 때도 설계도가 있어야 제대로 된 집을 지을 수 있듯이, 인생에도 설계도는 필요한 법이니까. 내 비전을 어디에서 찾아야 할지 모르겠다면, 이 방법을 추천한다. 내가 조금이라도 관심 있고, 좋아하고, 흥미 있어 하는 일을 최대한 많이 나열해 본다. 그다음 내 성향과 기질 및 각자 상황에 따라 안 되겠다 싶은 건 삭제를 해나간다. 두세 개쯤 추려지는 무언가가 있을 것이다. 글로 쓰다 보면 명확한 내 비전을 찾기가 쉽다. 글로 풀어내면 안 보였던 게 서서히 윤곽을 드러낼 때도 있으니까. 글쓰기라는 돋보기를 가까이 두자. 누구보다 내 삶의 멘토 역할을 톡톡히 할 테니까.

### 오늘의 한 줄 요약

내 불꽃을 일으켜 줄 수 있는 것이 무엇인지 찾자.
-비전 찾기
 내가 조금이라도 관심 있고, 좋아하고, 흥미 있어 하는 일 나열하기.
 내 성향과 기질 및 상황에 따라 안 되겠다 싶은 건 삭제하기.
 2~3개 추려지는 무언가가 있을 것이다.

*비전을 찾을 수 있는 7가지 질문
첫째, 꿈은 무엇인가?
둘째, 우리 아이에게 어떤 부모로 기억되고 싶나?
셋째, 무엇을 할 때 행복함을 느끼는가?
넷째, 어떤 일에 의미를 느끼는가?
다섯째, 앞으로 어떤 사람들을 만나고 싶은가?
여섯째, 3년 혹은 5년 뒤에 어떤 모습이고 싶은가?
일곱째, 실현하고 싶은 가치가 있는가?

## 내 삶에 가치를 심어주는 글쓰기

　　집 앞 도서관에서 월 1회 글 모임을 한다. 작년 5월 모임의 주제는 〈하루만 네가 되고 싶어〉였다. 주제에 맞게 글을 써 오면 낭독하고 같이 이야기를 나눈다. 하루쯤 누구로 살고 싶을까 생각해보니, 그때그때 내가 처한 상황에 따라 달라졌다. 외모에 한창 관심이 있을 시기의 김태희는 어떨까? 작은 얼굴을 가진 사람을 보면 나도 소멸 직전 얼굴이고 싶다. 그럴 땐 소녀시대 윤아를 떠올린다. 본업에 지친 시기엔 온갖 취미를 즐기며 시간과 경제적 자유를 누리는 지인이 그저 좋아 보였다. 많은 사람 앞에서도 떨지 않고 당당하게 말하고 행동하는 사람을 보면, '아, 나도 부끄럼쟁이가 아니면 좋겠다. 강심장을 가지고 싶다.'는 생각을 한다. 마음에 드는 글을 잘 쓰지 못하는 요즘엔 잘 쓰는 사람이 되어보고 싶다. 하루쯤 글 잘 쓰는 작가로 변해서 내가 쓰고 싶은 글을 하루 만에 몽땅 마무리하는 거대한 계획을 세우는 거다. 하지만 나는 나밖에 될 수 없음을 잘 안다. 내일은 오늘보다 더 나은 내가, 모레는 내일보다 더 나은 내가 되기만 하면 되는 거다. 진짜 되고 싶은 내가 되기만 하면 된다. 쓰다 보면 내 가치를 단단하게 만들어 주고, 없던 가치도 생겨난다. 삶에 가치를 심어준 일에는 뭐가 있을까 생각해보자.

**첫째, 감동을 받은 배려가 있다면?**

십여 년 전 남편이 위암 수술을 한 지 몇 달 지나지 않은 시점이었다. 남편의 친구 집에서 모임이 있기에 남편과 함께 갔다. 저녁상에 같은 반찬이 다른 버전으로 여러 개 놓였다. 고춧가루가 든 국과 맑은국. 맵고 짭조름한 반찬이 있는가 하면, 남편을 위한 싱겁고 담백한 반찬도 따로 준비되어 있었다. 반찬 두세 가지 정도는 그렇게 할 수 있지만, 여러 반찬을 별도로 준비한다는 건 귀찮은 일일지 모른다. 번거로움을 감수한 그 배려를 지금까지 잊지 못한다. 이런 배려를 받게 되면 내 행동을 돌아보게 된다. '나 같으면 이렇게 했을까?' 생각하게 되고, 나 또한 배려를 실천하는 사람이 되어야겠다고 다짐도 한다. 당신이 감동을 받은 배려는 어떤 게 있나?

**둘째, 가치관을 심어준 아르바이트나 업무가 있다면?**

태어나서 처음으로 시작한 사회생활은 과거 스무 살 때 했던 호프집 아르바이트다. 3월부터 했는데, 오후 4시부터 새벽 12시까지였다. 화창한 봄날, 내가 일하는 동안 친구들은 삼삼오오 꽃구경을 다녔다. 술도 안 마시는 내가 호프집에서 알바라니, 생각만 해도 무섭고 불편했다. 용돈을 벌려면 닥치는 대로 일을 해야겠단 생각에 용기를 내서 시작했다. 예상외로 사장님 내외분이 선한 인상이라 마음이 놓였다.

나는 안주를 준비해 서빙 하는 일을 담당했다. 덕분에 마른오징어를 덜 질기게 굽는 방법, 양배추 채 써는 방법, 과일을 예쁘게 세팅하는 방법도 배웠다. 일을 하는 동안 사장님 내외분의 친절함이 참 좋았다. 어느 날, 아르바이트하러 가는 길이었다. 오토바이가 나를 치고 가는 바람에 내 몸이 휘청였다. 다친 데는 없구나 싶었는데 왼팔이 서서히 저리기 시작했다. 호프집에 도착해 사정을 말씀드리니, 두 분이 나보다 더 화를 내며 걱정해 주셨다. 왼팔을 거의 쓰지 않고 일할 수 있게 배려까지 해주셔서 감사했다. 그것도 모자라 유명한 한의원에 데려다주시기까지 했다. 나는 신세 지는 것이 미안해서 눈치를 봤는데, 사장님이 도리어 말씀하셨다. "돈 벌어서 다 뭐할 건데, 이렇게 필요한 데 쓰라고 버는 거지." 그 호탕한 말씀이 얼마나 힘이 되었는지 모른다. 그 말이 내 인생철학을 바꿔놓았다고 해도 무방하다. 손익을 따지지 않고 베푸는 삶, 나도 그렇게 살아야지 싶었다.

"어디에 있건 내가 하는 경험은 그것이 일이든 공부이든, 나중에 내가 하는 일에 다 연결이 돼서 반드시 도움이 된다는 거였어."

청소년 도서 《쿠바 알 판 판 알 비노 비노》라는 책에 나오는 이 말처럼 내가 한 모든 경험이 내 삶에 든든한 비료 역할을 했다.

스무 살, 호프집에서 아르바이트하며 느끼고 배웠던 것이 몇 십 년이 지난 지금까지 고스란히 내게 스며들어있으니 말이다. 지금 생각해도 참 고마운 분들이다. 일한 지 얼마 안 된 알바생을 위해 기꺼이 시간을 내어주시고 마음을 써주신 훈훈한 행동을 잊을 수가 없다. 스무 살, 사회생활이 뭔지도 잘 몰랐고, 어떻게 사는 게 제대로 사는 삶인지 잘 모르던 때였는데, 그분들에게 참 인생을 배웠다. 24시간이 모자랄 정도로 바삐 살았던 사장님 내외분은 그러면서도 늘 흥겹게 일을 하셨다. 인상을 찌푸리기보다는 노래를 흥얼거리면서 항상 밝은 기운을 전해주셨다. 인심이 메마르지 않았고, 주변 사람에게 인정 있게 잘 베풀어 주는 그런 분들이었다. 그

곳에서 일을 하면서 은연중에 베풀면서 살아야지 하는 마음이 조금씩 스며들지 않았나 싶다. 나도 그렇게 늙어가고 싶다. 묻지도 따지지도 말고 베풀면서!

또 하나 내게 강렬한 가치관을 남긴 아르바이트가 있다. 서점 창고에서 바코드를 붙인 일이다. 대학 1학년 겨울 방학 때였다. 당시 대구에 'oo서적'이라는 대형서점이 있었다. 대구 시민들의 약속 장소로 많이 이용되었고, 30대 이상이라면 아마 추억의 장소일 것이다. 동성로에 본점이, 반월당에 지점이 있었다. 친구 3명과 아르바이트에 지원할 때만 하더라도 당연히 서점에서 유니폼을 입고 일할 거라고 믿었다. 친구 둘은 본점과 지점에 배정되었고, 나 홀로 덩그러니 서점 창고에 배정되었다. 왜 나만 예쁜 유니폼도 입지 못하는 창고로 가야 되는지 이해가 되지 않았다.

창고에서 친구 한 명을 사귀었다. 그 친구도 친구와 같이 원서를 냈는데 친구는 서점으로, 자기는 창고로 배정받았다고 했다. 우리 두 사람은 우리만 창고로 배정받은 이유가 궁금했고, 열악한 근무환경 때문에 힘들었다. 아침 10시부터 밤 8시까지. 근무 시간은 하루 10시간이었다. 쉬는 시간이라곤 밥 먹는 시간이 전부였다. 2025년 올해 근로기준법으로는 하루 8시간을 근로하면 1시간의 휴게시간을 보장해 주어야 하고, 최저시급도 10,030원이다. 그 당시는 근로기준법이니, 최저시급이니 하는 게 있는 줄도 몰랐고, 설사 있다고 해도 따지고 들 처지도 아니었다. 한겨울인데도 난로를 피워둔 사무실 말고는 따뜻한 공간도 없었다. 여기에다 창고장이란 사람은 사무실에서 잠깐 밥 먹는 거 말고는 사무실에 있게 하지도 않았다. 엄연히 점심시간이 정해져 있었지만, 빨리 밥 먹고 일하라고 닦달했다.

창고에는 책이 가득했기 때문에 난로도 피우지 못했다. 히터를 잠깐 켜두긴 했지만, 아주 잠깐씩만 켜서 늘 추위에 떨었던 기억이 난다. 창고 안에서 책 정리하는 건 그나마 괜찮았지만, 창고 밖 계단에서 바코드를 붙일 때는 몸이 오그라들 정도였다. 지금이야 책에 바코드가 찍혀서 나오지만, 그때만 해도 일일이 책에 바코드를 풀칠해서 붙였다. 바코드를 붙이는 일이 그 친구와 나의 주된 업무였다. 바코드를 빨리 붙이면 창고 안에 들여보내 줄 것 같아서 최선을 다했다. 하지만 다 붙이고 나면 또 몇 박스씩 책을 가져다주었다. 몇 시간씩 계단에서 바코드를 붙이다 보면 손끝이 발갛게 다 얼었다. 영천에서 올라와 자취를 한다는 그 친구와 함께라서 그나마 견딜 수 있었던 시간이었다. 그렇게 나는 40일을 버텼다.

창고 재고관리를 담당했던 과장님은 창고장보다 나이가 훨씬 많으셨다. 그런데도 새파랗게 젊은 창고장은 과장님께 함부로 말하기도 하고, 소리를 지르기도 했다. 아버지뻘은 될 것 같았는데 말이다. 그때 나는 아버지가 이런 식으로 힘들게 직장 생활을 하실 수도 있구나 싶어서, 과장님 말씀을 잘 따랐던 기억이 난다. 창고 안에는 종일 라디오를 켜놨는데, 저녁 6시가 되면 배철수의 음악캠프가 흘러나왔다. 음악캠프가 시작되면 그렇게 반가울 수가 없었다. 스무 살, 그 열악한 환경에서 우리를 위로해 준 건 음악뿐이었다. 음악캠프가 끝날 시간이 되면 절로 설렜다. 퇴근 시간이었기 때문이다.

친구와 나는 우리만 창고에 배정된 이유를 추측했다. 혹 부모님이 갑질에 항의하기 위해 찾아오기 쉽지 않은, 그러니까 부모님과 떨어져 혼자 자취하는 사람만 창고에 배정한 것이 아닐까 하고. 언 손을 호호 불며 바코드를 붙일 땐 '인생 참 어렵구나!' 하는 것을 느끼기도 했지만, 지금은 웃으면서 이야기할 수 있는 특별한 추억이다. 잊을 수 없는 스무 살 끄트머리 한 장면으로 기억된다. 그곳에서 힘들게 일한 덕분에 그 후 어지간한 일은 힘든 축에도 들지 않았다. 거기에서도 버텼는데, 내가 무슨 일이든 못 할까 싶은 생각이 들었다.

우리는 살아가면서 어려운 일, 힘든 일에 많이 부대끼며 산다. 그런 일이 몰려올 땐 평화로운 삶을 사는 다른 이와 비교하며 '나는 왜 이러고 살아야 할까.' 자괴감이 밀려오기도 한다. 지나고 보면 무슨 일이든지 다 내 삶을 든든하게 다져주는 밑거름이 아닐까 싶다. 남을 해치는 일이 아니라면 쓸모없는 삶, 쓸모없는 순간은 없는 거다. 언제 쓰일지 모르지만, 내 인생을 더 맛깔나게 만들어 주는 양념 같은 역할을 톡톡히 하리라 믿는다. 그러니 지금 이 순간이 힘들다면 부디 기죽지 말고 잘 살아내 보자!

2010년, 난생처음 다음 카페에 가입하고, 블로그도 다음에서 처음 시작했다. 시집을 읽고 블로그에 리뷰를 남겼다. 그 리뷰를 읽은 어느 시인님이 잘 읽었다면서, 내 주소를 알려 주면 본인의 책을 선물해 주겠다는 댓글도 달으셨다. 그 후 사인한 시집 몇 권과 시를 녹음한 CD를 보내 주셨다. 그때 나는 감사하다면서 "저도 베푸는 사람이 되겠다."라고 답을 드렸다. 그 후 한 번은 신경숙 작가님의 장편 소설 《엄마를 부탁해》를 읽고 리뷰를 올렸다. 청송에 산다는 여중생이 그 책을 다 읽었으면 자기한테 보내 줄 수 없겠냐며 댓글을 달았다. 빨리 읽어 보고 싶은데, 도서관에는 계속 대출 중이라 읽고 싶어도 못 읽고, 가정 형편이 어려워서 책을 사 달라는 말도 못 한다고. 나는 책을 볼 때 밑줄도 긋고, 메모도 하면서 읽기 때문에 내 흔적이 가득한 책은 줄 수 없고, 새 책을 사서 보내겠다고 했다. 손 편지와 《엄마를 부탁해》를 사서 보냈다. 모르는 사람한테 책을 보내 달라고 하는 걸 보고, 책을 좋아하는 학생이었을 것이라 짐작했다. 나도 어려운 환경에서 자랐기 때문에, 학생의 입장이 충분히 이해가 되었다. 그 학생이 내가 보내 준 책을 받고 답 편지를 보내왔다. "베풀어 주신 은혜 정말 감사합니다. 저도 어른이 되면 누군가를 위해서 이렇게 나누면서 살겠습니다." 하고. 답장을 읽고 마음이 따뜻했다. 지금은 성인이 되었을 텐데, 어떻게 살아가는지 궁금하다. 그 시절 책에 대해 가졌던 애착을 지금도 갖고 있기를 바란다. 베풂은 바이러스 같은 존재인가 보다. 정을 타고 자꾸자꾸 전파되니까.

내가 받았던 친절과 베풂, 내 생각을 글로 풀어내다 보니, 삶에 가치가 생겼다. 나도 물질이든 마음이든 베풀고 나누는 사람으로 살아야지 하고. 삶에 정답이 있는 건 아니지만, 쓰다 보면 나만의 정답표를 가지게 된다. 오늘은 누구에게 무엇을 나눌까. 집에 수업을 받으러 오는 아이들이 떠오른다. 선물 받은 케이크를 어제 조각조각 잘라 뒀는데, 오늘은 그 케이크로 기쁨을 주어야겠다.

"아침에 눈을 뜨면 무엇보다도 먼저'오늘은 한 사람에게만이라도 기쁨을 주어야겠다.'라는 생각으로 하루를 시작하라."

-프리드리히 니체

### 오늘의 한 줄 요약

*내 생각을 글로 풀어내면 삶에 가치가 생긴다.
1) 감동을 받은 배려가 있다면?
2) 가치관을 심어준 아르바이트나 업무가 있다면?

# 나를 살리는 테마 글쓰기

**토요일**, 혼자 아침을 먹었다. 케일을 쪘는데 양념장이 없어서 양념장을 만드는 동안 남편이 밥을 거의 다 먹어버렸다. 남편은 밥을 빨리 먹는데, 특히 아침에는 5분 만에 밥을 다 먹는 편이라 같이 먹다 보면 덩달아 속도가 빨라진다. 그렇게 급히 먹으면 속이 불편하다. 나는 아침으로 밥보다는 두유나 삶은 달걀, 과일을 먹는 게 속이 더 편하다. 오늘처럼 혼자 밥을 먹을 땐 가끔 건강 관련 유튜브를 본다. 오늘은 미국 암 전문 병원에서 수십 년 근무하신 의사 선생님의 영상을 봤다. 의사가 병을 치료하는 건 일부라고, 나머지는 본인의 몫이라고 했다. 의사 선생님을 신뢰하는 태도와 병을 대하는 마음가짐에 대한 이야기였다. 어떤 마음을 먹느냐에 따라 병이 낫기도 하고, 더 악화되기도 한다고 했다. 이 영상을 보는 내내 '살린다'라는 말이 머리에 자꾸 맴돌았다. 긍정적인 마음으로 나를 살리는 것에 집중하며 살아야겠구나 싶었다. 나를 살리는 테마는 크게 독서, 덕질, 걷기, 여행, 봉사 다섯 가지 정도다.

첫째 테마는 독서다.

책 읽기는 글쓰기와 마찬가지로 내가 좋아하는 일이다. 이 책 원고를 쓰면서도 쓰기 전과 쓰다가 막힐 때 항상 글쓰기 책을 찾는다. 같은 책을 여러 번 읽는 편이고, 글쓰기에 관한 원고를 쓰고 있자니, 오늘 아침에도 다섯 번 읽은 책을 또 집어 들었다. 수업 필독서를 제외하고 최근에 읽은 책은 책 모임 토론 도서 이언 매큐언의 소설《속죄》다. 책 모임 전날에는 동명의 소설을 영화화한 〈어톤먼트〉도 보고 갔다. 소녀가 불러온 오해가 어떤 결과를 가져오는지, 진정한 속죄란 무엇인지 생각하게 만든 책이었다.

지금 읽고 있는 책은 글쓰기의 고통과 기쁨을 고백한 어니스트 헤밍웨이의《헤밍웨이, 글쓰기의 발견》이다. 어니스트 헤밍웨이는 생의 마지막 순간까지 자신의 소설들과 편집자, 친구, 동료 작가, 비평가들에게 보내는 편지, 인터뷰, 칼럼을 통해 글쓰기에 대한 글을 남겼다고 한다. 여기서 발췌한 내용을 책으로 묶었다. 이 책에는 "돈이 되든 안 되든 행복해지기 위해서 글을 써야 합니다."라는 문장이 나온다. 나도 글을 쓰는 마음이 어떤지 들여다보니, 행복해지기 위해서 쓰는 것 같다. 앞으로도 책 읽기에 진심인 사람이고 싶다.

둘째 테마는 덕질이다.

좋아하는 게 많다. 한번 마음을 준 것에는 애정을 쏟는 편이다. 덕질은 마른 땅에 촉촉이 비를 뿌려주는 것처럼 메마른 인생을 말랑말랑하게 해주는 일이다. 덕질 대상이 그 무엇이든 남에게 피해주는 일이 아니라면 온전히 마음을 내어주는 일은 괜찮지 않을까. 살다 보면 의도치 않게 화가 치밀어 오르는 순간이 찾아오기도 한다. 그럴 때면 급히 덕질하는 가수의 노래로 수혈한다. 부작용이 없는 효과 빠른 신경안정제 역할을 톡톡히 한다. 시간 가는 줄 모르고 몰입하는 일에 대해 써 보자. 쓰다 보면 관심사를 확장하게 될지도 모른다.

셋째 테마는 걷기다.

"시를 공부하는 학생들에게도 나는 특별한 이유 없이 되도록 많이 걸을 것을 주문한다. 한적한 오솔길이나 들길이 아니더라도 좋다. 재빠르게 걷지 말고 '따복따복' 걸어라. 모든 길은 세상과 대화를 나눌 수 있는 훌륭한 통로다."

안도현의《가슴으로도 쓰고 손끝으로도 써라》에 나오는 문장으로, 걷기를 되도록 많이 하라고 한다. 따복따복 걷는 것을 나도 좋아한다. 집 가까이에는 걸어서 2분 거리에 하천 산책로가 잘 조성되어 있다. 시간 날 때마다 산책하기가 좋다. 재작년에는 걷는 데 심취해서 7개월 가까이 하루 만 보씩 매일 걸었다. 처음에는 그냥 걸었다. 일주일이 지나니, 한 달을 채우고 싶고, 한 달 동안 날마다 걸으니, 석 달을 채우고 싶었다. 석 달을 채우고 나니, 언제까지 연속으로 매일 걸을지 인내력을 테스트해 보고 싶었다.

누가 걸으라고 등을 떠민 것도, 누구와 내기를 한 것도 아닌데, 당시에는 나를 이기고 싶었다. 나도 마음먹으면 할 수 있다는 걸 그때는 걷기를 통해 증명해 내고 싶었다. 바람이 부는 날에도, 비가 내리는 날에도, 몸이 아픈 날에도, 얼굴에 멍게처럼 두드러기가 올라온 날에도 걸었다. 걷는 동안 이런 생각, 저런 생각으로 머리가 꽉 채워지기도, 비워지기도 하면서 다른 어느 때보다 생각을 깊이 했다.

걸으면서 많은 걸 길어 올렸다. 갈등하고 있는 문제에 대한 해답도 스스로 구했고, 약해지는 마음도 다잡았다. 걸으면서 떠오르는 단상을 메모로 남겼다. 산책하는 동안 보고 느낀 풍경으로 동시도 썼다. 지금은 만 보 걷기를 해야겠다는 마음을 먹고 걷지는 않는다. 구두보다는 편한 운동화가 좋고, 여전히 걷기를 좋아한다. 걸으면서 사색을 하게 되니까, 글 쓸 소재가 생겨나기도 한다.

**넷째 테마는 여행이다.**

"여행은 약상자에 없는 치료제다."라는 말이 있듯이, 여행을 가면 기운이 샘솟는다. 여행 끝 무렵에는 진이 빠져 지친 기색을 보이는 사람을 많이 봤는데, 나는 끝까지 팔팔하다. 친구들은 내가 여행에 최적화된 사람이라고 한다. 어디를 가든 못 가본 곳을 여행하는 일은 설렘과 기대감이 앞선다. 호기심이 많아서인지 구석구석 하나라도 더 보고 싶은 욕심이 생긴다. 갔던 곳이라고 해도 누구와 가느냐에 따라 여행의 맛이 달라지니, 어떤 여행이든지 떠나는 걸 좋아한다. 국내 여행은 숲이 있는 곳을 선호한다.

특히 템플스테이를 하면 좋아하는 걸 다 누리고 온다. 숲으로 둘러싸인 고요함이 좋다. 채식을 좋아해서 공양도 다 맛있다. 할 일에 파묻혀 있지 않아도 되고, 고요 속에 내 몸과 정신을 놓아두니, 그야말로 삶에 쉼표를 찍고 오는 곳이다. 사찰마다 특색 있게 체험형, 휴식형, 사찰음식을 배워보는 코스 등 다양한 커리큘럼이 있어, 내가 원하는 유형을 택하면 된다.

작년 가을에는 김천 직지사에 다녀왔다. 잊지 못할 에피소드라면, 지나가는 노스님께 인사(합장)를 했다고 선물을 받은 거다. 노스님은 인사를 했으니 복을 줘야겠다고 하시면서, 양쪽 주머니에 하나씩 들어있던 요거트 팝콘 과자 한 봉지를 내밀며 선물이라고 주셨다. 선물로 주신다길래 받았지만, 노스님의 간식을 덥석 받은 게 아니었나 싶기도 했다. 근처에서 공공근로를 하고 계시던 남자 어르신은 노스님이 내게 과자를 주시는 모습을 보셨는지, "여기 대빵 스님이지 싶은데!"라고 말씀하셨다. 정확히 알 길은 없지만, 장우산을 지팡이 삼아 짚고 다니셨고 연세도, 카리스마도 있어 보이셨던 노스님, 잘 계시는지 모르겠다. 템플스테이가 궁금한 분은 템플스테이 예약홈페이지(www.templestay.com)에 들어가 보면 된다. 지역별 템플스테이 사찰정보를 알 수 있다.

**다섯째 테마는 봉사다.**

봉사의 첫 시작은 아이들이 초등학교 때, 아이들과 함께 봉사하고 싶어서 가족봉사단에 들어가면서다. 가족봉사단으로 요양원에서 3년, 재활원에서 5년 정도 봉사를 했다. 밥 퍼 주는 봉사와 연탄봉사를 하기도 했다. 요양원에 봉사를 갈 때면 시골에 계신 연로한 부모님이 생각났다. 전직 경찰관이었다고 자랑하시던 80대 남자 어르신은 지지고 볶고 싸워도 자식보다 부부가 낫다는 말씀을 하셨다. 중년 남자 한 분은 휠체어에 탄 치매 노모가 아들인 자신을 못 알아보는 걸 애달파했다. "엄마, 나 아들이잖아. 엄마 아들 oo

이!"라며 눈시울을 붉혔다. 그땐 몰랐다. 그 아드님의 모습이 치매 아버지를 바라보던 내 모습일 줄은. 부모가 자식을 못 알아본다는 건 참으로 가슴 아픈 일이다. 요양원, 재활원에서 우리는 미술 프로그램을 같이했다.

재활원에서는 봄과 가을이면 봉사자와 1:1 짝을 지어 장애인분들을 모시고 강변 산책을 나가기도 했다. 손을 잡고 노래를 부르며 가기도 하고, 휠체어를 밀 때도 있었다. 시각장애인분과 다닐 때는 팔짱을 꼈다. 하늘의 색깔은 어떤지, 강변에 피어있는 꽃은 무엇인지, 길에 걸음을 방해하는 건 있는지 등을 이야기하다 보면 수다쟁이가 되기도 했다. 봉사활동을 하면서 내가 미처 알지 못했던 세상에 대한 새로운 시선을 가지게 되었다.

다녀오면 피곤했지만, 복 짓는 일이라는 믿음에 마음이 뿌듯했다. 부족한 사람이지만 어딘가에 쓰였다는 생각에 자존감도 올라갔다. 봉사를 다녀와서 동시를 쓰기도 했고, 감상 글을 남기기도 했다. 내 마음을 건드리는 일이 생기기 때문에 봉사로만 끝내기엔 아쉬워서다. 다음 달부터는 월 1회 무료 급식 봉사를 가기로 했다. 동네 공원을 지나는데, '무료 급식 봉사'라는 글귀가 대문짝만하게 쓰인 현수막을 발견했다. 바로 전화를 했다. 급식 준비부터 배식, 설거지까지 하는 일이라고 했다. 내가 쓰일 시간이 기대된다.

나를 살리는 테마 다섯 가지에 글쓰기는 뺐다. 메모 수첩을 항상 들고 다니는 내게 글쓰기는 숨쉬기 같은 존재라 0순위이기 때문이다. 나를 살리는 테마에는 무엇이 있을지 곰곰이 생각해보고 글로 써보자. 그 테마가 왜 좋고, 내게 어떤 의미로 다가오는지 써봐도 좋다. 힘든 일이 생겼을 때, 뭔가 모르게 삶이 답답하고 우울할 때, 나를 살리는 테마를 이용해 스스로 내게 심폐소생술을 하는 거다. 내 상황을 누구보다 잘 아는 내게 직접 맞춤 처방전을 내리는 거다. 부작용은 적고, 효과는 크게 볼 테니까.

> **오늘의 한 줄 요약**
>
> 나를 살리는 테마에는 무엇이 있을까? 그 테마가 왜 좋은지, 어떤 의미로 다가오는지 써봐도 좋다. 나를 살리는 테마를 이용해 스스로 내게 심폐소생술을 하자.

## Chapter 05

## 글을 쓰면 평범한 인생도 특별해진다

# 덕질, 꽤 괜찮은 취미

'덕질'이란 용어를 국어사전에서 찾아보니, 어떤 분야를 열성적으로 좋아하여 그와 관련된 것들을 모으거나 파고드는 일이라고 나온다. 코로나가 한창 유행하기 시작할 때쯤, 나에게는 새로운 취미가 생겼다. 코로나 때는 한 달 정도 본업을 쉰 적 있는데, 그때 〈미스터 트롯〉이라는 오디션 프로그램을 봤다. 아무 생각 없이 봤다가 자석처럼 마음을 끌어당기는 덕질 대상을 만났다. "누나, 아직이가?" 남동생은 한 번씩 내게 이렇게 묻고 한다. "아직이라니? 점점 더 좋아지고 있는데…" 남동생도 몇 년 전에 내가 덕질하는 가수를 실제로 봤다. 4남매가 미스터 트롯 첫 서울 공연을 1박 2일 일정으로 같이 보러 갔다. 그날 좋은 이미지가 생겼는지, 남동생은 줄곧 내 덕질에 호의적이다.

덕질 대상을 만나고 나서 숨통 트이는 시간이 늘어났다. 하루

어느 때든 간에 그 사람을 만나게 되면, 마음 저 깊은 곳으로부터 편안함이 밀려오고 이내 미소가 지어진다. 덕질은 마음에 몰아치는 파도를 잠재우는 데 그만인 방법이다. 편안한 자세로 눈을 감고 힐링이 되는 노래를 가만히 들으면 어느새 출렁거리던 마음이 고요해진다. 많은 사람들에게 노래로 희망과 위안을 안겨 준다.

사람이 누군가에게 희망을 줄 수 있다는 건 대단한 일이고, 나도 내 글을 통해 그런 사람이 되고 싶다. 덕질은 오로지 나를 위한 시간을 낼 수 있게 하고, 앞으로 나아가게 하는 힘을 주기도 한다. 힘든 시간을 잘 버텨내게 해주고, 몰랐던 세계를 알아가고, 넓혀가는 일이다. 빡빡하고 때론 지친 삶에 한 줄기 빛과 같은 역할을 한다. 본업에서 오는 스트레스, 글이 잘 안 써져서 힘이 빠질 때, 현생에서 오는 많은 부딪힘까지 다 위로받는다.

한때는 덕질 세계를 밖에서 바라봤다. 그때는 덕질하는 사람은 시간도, 돈도 많고, 할 일도 없구나라는 생각을 했다. 덕질 세계에 입문해 보니 그게 아니었다. 치열하게 사는 가운데 덕질 중인 사람이 많다. 현생을 누구보다 열심히 살다가 콘서트 때가 되면, "열심히 일한 당신 떠나라!"라는 말처럼 콘서트장에 가서 마음껏 행복해하고 오는 거다. 콘서트 하는 날을 손꼽아 기다리며 그 힘으로 피곤한 일상을 버티고, 다녀온 후에는 또 그 여운으로 위로도 얻고 다시 일할 에너지를 받는다고 한다. 나도 마찬가지다. 내 덕질 대상은 가수 임영웅이다.

콘서트에 엄마와 함께 온 어느 20대 딸의 후기를 읽고 마음이 찡했다. "가족이 못 주는 행복을 임영웅이 준다. 우리 엄마가 저렇게 소녀같이 환하게 웃는 거 처음 본다. 그러니 앞으로도 오래오래 건강하게 노래해 달라고." 나도 그렇다. 이 나이에 어디 가서 하늘색 옷 맞춰 입고 소녀같이 깔깔거리며 웃을까 싶다. 임영웅의 노래 〈홈〉에 맞춰 다 같이 챌린지 영상도 찍어 보고 말이다. 몸치지만 자꾸 하니까 운동도 되고, 은근히 신났다. 덕질하고 나서 해보지 못한 새로운 재미난 경험을 많이 하고 산다.

한때 번아웃 증후군이 찾아와서 덕질로 숨을 쉬고 살아가던 때가 있었다. 막힌 것을 뚫어야 했다. 그러다 김미희 작가님의 《놀면서 시 쓰는 날》을 다시 읽으며 글쓰기 재미에 빠져들었다. 작가님은 중·고등학교에 강연을 가서 "하루에 3분씩 3줄 이상을 30일 동안 쓴 사람은 작가가 된다."고 장담했다고 한다. 매일 3줄을 채울 수 있는 쉬운 방법 중 하나로, 반 친구들의 이름으로 3행시 쓰기를 소개했다. 막 쓰지 말고 멋진 시 한 편을 선물한다는 마음가짐으로 3행시를 30일간 써 보라고 한다. 당시 나도 글이 잘 나오지 않을 때라, 3행시를 써 봐야겠다는 생각을 했다. 이미 가족과 친구의 이름으로는 3행시를 많이 썼던 터라, 덕질 가수 이름으로 111개의 3행시를 쓰며 글쓰기에 마중물을 부었다.

  막힌 글쓰기를 뚫기 위해 또 다른 도전을 했다. 간단히 사연을 쓰고, 라디오에 문자로 임영웅의 노래를 신청했다. 3행시와 마찬가지로 3분 정도 시간을 들여 매일 사연을 써서 보냈다. 당시 사춘기가 심했던 딸에게 긴 글 대신 3줄짜리 편지를 날마다 쓰기도 했다. 딸은 긴 편지는 귀찮아했지만, 3줄짜리 편지는 내심 좋아하는 눈치였다.

  짧은 글이지만 매일 쓰니까 습관이 붙었다. 반복되는 표현은 쓰지 않으려고 어휘를 고르는 모습에서 변화가 감지되었다. 원래도 끄적이는 것을 좋아했지만, 다시 글쓰기에 재미가 붙었다. 3행시는 그렇다 쳐도 라디오에 노래를 신청하는 건 덕질 가수에게도 도움이 되는 일이니까, 뿌듯한 마음이 보태진다.

  뭐든 내가 쉽고 재밌게 할 수 있는 형태로 다가가는 게 좋지 않을까 싶다. 시작도 쉽게 하고, 부담감도 덜 수 있으니 말이다. 자투리 시간 9분으로 글쓰기 연습, 덕질, 딸과의 소통까지 가능한 시간이었다. 덕질을 하면서도 항상 이렇게 글쓰기로 연결을 한다. 한때 내가 빠진 몇 가지를 소개해 본다.

  첫 번째는 처음 책에 빠졌던 때다. 육아가 빡빡했던 시절 책 읽기를 소홀히 했다. 어느 날 책을 몇 권 빌렸다. 그 책을 가슴에 안고 은행을 다녀왔는데, 뭔가 모를 마음속 일렁임이 있었다. 친했던 옛 친구를 오랜만에 만난 듯 다정했고, 반가웠다. 붙들고 한참 동안 수다를 떨고 싶었다. 그렇게 들뜬 마음으로 다시 책을 읽기 시작했다. 책을 읽으면서 힘이 났고, 읽고 나면 간단하게 블로그에 후기를 남기니 책이 더 재미있었다. 그러면서 서서히 책에 눈독을 들이는 사람이 되어갔다.

두 번째는 드라마에 빠진 시기다. 드라마 하나에 몰입했을 때는 같은 드라마를 다섯 번 이상 보고 인생 드라마 중 하나로 만들었다. 드라마에 나온 대사를 필사하기도 했다. 드라마 〈도깨비〉를 너무 좋아해서 포토에세이는 물론, 원작소설로 나온 책 두 권도 사서 읽었다. 대본을 쓴 김은숙 작가님에 대해서도 찾아보게 되었다.

"인생은 마법 같은 순간이 옵니다. 그때 준비된 사람은 자기 인생을 마법으로 바꿀 수 있는 것 같아요. 역경의 순간을 그냥 버티지 말고 훈련으로 가득 채우세요."

준비된 사람은 자기 인생을 마법으로 바꿀 수 있다고 하시는 작가님 말씀에 용기를 얻는다. 힘들 때는 새우깡 한 봉지로 3일을 버틴 적도 있다는 기사를 읽었다. 끊임없이 읽고 쓰고 쉬지 않고 준비를 해오셨기에 그런 어려운 상황을 견디고 스타 작가가 되시지 않았나 싶다. 작가님의 인생 스토리에서 배움을 얻었다.

세 번째는 블로그에 빠지기도 했다. 관심사도 담고, 생각도 썼다. 꾸준히 내 역사를 기록하며 글 쓰는 일을 계속하고 싶다. 블로그는 부담 없이 글을 쓸 수 있는 공간이기 때문에 꼭 활용했으면 한다. 앞으로도 블로그 글쓰기는 멈추지 않으려고 한다.

지금까지 결과를 바라고 무엇에 빠진 건 아니었다. 그냥 흥미가 있어서, 관심이 있어서 시작하다 보니 꾸준히 그것을 좋아하는 사람으로 변해갔다. 빠져 있는 그 순간이 즐겁고 의미가 있었는데, 지나고 보면 어떤 결과물이 만들어지기도 했다. 무언가에 빠진다는 것은 한 시절을 잘 견디게 해준다. 또 내가 좋아하는 분야를 넓힘으로써 내 삶을 더 기름지게 해주는 일이 아닌가 싶다. 무언가에 빠진다는 건 인생을 더 재미있게 살아가는 방법이기도 하다. 삶에 생기를 팍팍 불어넣는 덕질, 해보니 꽤 괜찮은 취미다.

### 오늘의 한 줄 요약

무언가에 빠진다는 것은 한 시절을 잘 견디게 해준다.
"하루에 3분씩, 3줄 이상을, 30일 동안 쓴 사람은 작가가 된다." -김미희
당신은 어떤 덕질을 하고 있나? 덕질 대상으로 글을 써보자.

## 쓰기로 삶의 온도를 높여라

　　　　　정리의 달인까지는 아니더라도 정리하는 걸 좋아한다. 물건이 여기저기 흩어져 있으면 정신까지 산만해져, 쓰임새에 맞게 있어야 할 공간에 놓여야 개운하다. 물건뿐 아니라 감정에 따라 흩어져 있는 머릿속 생각도 종종 정리한다.

　때때로 내 기분 상태에 따라 어떤 문제에 대해서 스스로 해결책을 찾기도 한다. 어떤 상황에서 오는 압박감 같은 게 있으면 가슴이 답답하다. 그런 순간에도 글을 쓰다 보면 오래 헤매지 않고 나로 다시 돌아온다. 쓰다 보니 팬이 생겼다. 연예인만 팬이 있는 게 아니라, 내 글을 읽고 반갑게 호응해 주고, 반응해 주는 사람이 내게는 팬인 것이다.

　"요즘 올라오는 글들 감동의 연속이네. 갈수록 글이 달짝지

근하네. 시간 날 때 통화 한 번 하자. 얼굴도 보고 싶고, 목소리도 듣고 잡네."

"영서 씨는 조금씩 성장하고 있는 게 보여. 작년보다는 올해 더 성장한 것 같고, 내년이면 올해보다 더 성장할 거야."

블로그에 올린 글을 읽고서 내게 응원의 카톡을 보내준다. 짤막한 카톡 문구가 내게 보내는 팬레터처럼 달콤하다. 이 지인을 나는 1호 팬이라고 부른다. 이런 날이면 가슴이 뜨끈해진다. 나를 지지해 주고 응원해 주는 누군가가 있다는 건, 삶의 온도가 1도쯤 올라가는 훈훈한 일이다. 1호 팬은 내 글을 보고 공감도 해주고, 격려도 한다. 내가 하고 있는 일에 관심을 가지고 물어봐 준다. 내게 보내온 문자와 톡, 또 직접 건넨 말 중 마음을 건드리고 간 게 있으면 어김없이 기록한다. 1호 팬은 멘토 같기도 하다. 뭔가 고민이 생겼을 때 물어가기도 한다. 박노해 시인의 《눈물꽃 소년》에 이런 문장이 나온다.

"사람이 길인께, 말 잘하는 사람보다 잘 듣는 사람이 빛나고, 안다 하는 사람보다 잘 묻는 사람이 귀인이니께. 잘 물어가면은 다아 잘되니께."

앞으로도 잘 물어가는 사람이 되고 싶다. 1호 팬은 컴퓨터를 잘 다루는 편이라 문서 작업과 관련해 궁금한 게 있어도 수시로 전화해서 물어본다. 귀찮을 때도 있겠지만, 항상 친절하고 세심하게 알려 준다. 내가 성장해 나가는 데 숨은 조력자이기도 하다.

한때 쓰기를 소홀히 했던 시간이 있었다. 삶은 뭔가 모르게 메말라 갔고 피폐해졌다. 삶에 온기를 잃었고, 정신없는 나날이 계속되었다. 내게 있어 쓰기란, 삶에 쉼표 같은 존재였다. 쓰다 보면 순간을 돌아보게 되고, 멈춰서 생각하게 된다. "다시 메모광이 되자. 촉촉한 눈길로 삶을 즐길 수 있는 그런 사람이 되자꾸나."라고 메모 수첩에 적혀있다.

아동센터에서 근무할 때, 아름인 도서관 후원으로 센터에 책이 한꺼번에 많이 들어오면서 책 정리를 도맡아 했다. 동시에 관심이 있을 때라 거기에 있는 동시집은 모조리 다 읽었다. 집 가까이에 규모가 꽤 있는 도서관이 들어서고, 마을도서관도 있다는 걸 알았다. 독서 지도 관련 수업을 들으면서 후속 모임으로 책 동아리에도 들어갔고, 인문학 동아리에 들기도 했다. 아동센터에서는 독서 지도 교사였기 때문에 자연스레 책을 찾아 읽어야 했고, 지금은 한 학년마다 매달 새로운 필독서가 2~3권 주어지는 독서 논술 교사다.

원하는, 끌리는 것은 가까이 두기 마련인가 보다. 미래에 되고 싶은, 하고 싶은 일을 하는 사람을 곁에 둬야 한다. 지금 만나는 사람이 5년 후의 내 모습이라는 말도 있으니까. 내가 지금 즐겨 하는 일이 5년 후, 10년 후의 내 모습을 만들어 줄 것이라 기대한다. 그래서 읽고 쓰기를 게을리할 수가 없다. 쓰기로 삶의 밀도를 높인다. 내 심장의 온도를 높인다. 꾸준히 글을 쓰면 삶의 온도를 높일 수 있다. 잘 쓰기 위해서는 책도 읽어야 한다. 집중적인 독서가 글을 쓰게도 한다. 쓰기에 도움이 된다.

얼마 전부터는 문우의 제안에 따라 '오늘의 발견'을 시작했다. 뭐가 됐든, 하루 중 '발견'이라는 이름을 달고 무엇이든 하나씩만 캐내자고 했다. 캐낸 무언가가 한 낱말이 될 수도 있고, 그것에 사유를 달아 한 문장, 또는 한 단락, 어떨 땐 한 편의 글로 완성한다. 그 어떤 것도 괜찮으니, 톡방에 올려서 글 쓰는 사람으로 살아가는 동력을 기르자고 했다. 처음 시작할 땐 '도대체 뭘 발견하지? 나 오늘 특별히 발견한 거 없는데.' 이런 생각이 들기도 했다. 이런 생각을 한 건 뭔가 특별한 걸 발견해야 한다는 부담감을 가져서였다. 다시 하루를 되짚어 봤더니 발견할 게 보였다. '오늘의 발견'을 시작하고 나서 네이버 밴드에 카테고리를 만들어 차곡차곡 발견을 저장 중이다. 그동안 내가 발견한 것은 누구도 발견하지 않은 새로움이 전혀 아니다. 아무 생각 없이 스치고 지나갈 뻔한 대상 중 내가 '발견'이라는 이름을 붙였을 뿐이다.

딸이 첫 월급을 탔다고 내게 첫 용돈을 줬을 때는 '첫'이라는 단어에 꽂혔다. 모든 처음에는 서툴지만 기대감이 함께 존재한다고 썼다.

"내가 빨리 돈 많이 벌어서 엄마 일 안 하고 살게 해줄게." 딸은 비장한 각오와 함께 용돈을 보냈다.

"엄마, 건물주 되게 만들어 줄게."
"엄마, 옷장 확 바꿔 버릴 거야."

올해 1월, 원룸 계약서를 쓰고 오던 날, 딸은 지하철 안에서 엄마를 건물주로 만들어 주겠다고 말했다. 작년 여름, 지인의 아들 결혼식에 간다고 뭘 입으면 좋을지 내가 딸에게 옷을 골라 달라고 했을 땐 내 옷장을 뒤적거리며 마음에 드는 옷이 하나도 없다고 했다. 대체 그동안 뭘 입고 다녔냐고. 자기가 돈 벌면 내 옷장을 예쁜 옷으로 가득 채워주겠다던 딸. 시간이 갈수록 공약은 늘어나는데 지킬 수 있을지 모르겠다. 선거철이 되면 말만 앞세우는 정치인의 공약처럼 소리 없이 사라지는 공약이 되지 않을까 싶기도 하다. 일 안 하고 살게 해준다는 말도, 건물주를 만들어 준다는 말도, 옷장 확 바꿔준다는 말도 다 딸에게 처음 들은 말이다. 말만 들어도 배부르지만, 마음 한구석 살짝 기대를 품게 하는 말이다. '딸, 이제 너 어쩔 거야?'

'오늘의 발견'을 시작하고 나니 보이지 않던 게 보인다. 삶이 더 따뜻해진다. 오늘부터 같이 뭐라도 발견해 보자. 혼자 해도 좋고, 마음 맞는 지인과 해봐도 좋겠다. 어떻게 하든 형식이 뭐 중요할까. 뭐라도 건져 올려 그게 쌓인다면 특별한 기록이 될 테니까.

하나둘 내 생각을 이렇게 글로 풀어 놓는 과정에서 내 삶의 온도를 스스로 조정해 나간다. 나는 몸이 차가운 편이라 따뜻한 차를 즐겨 마신다. 오늘 아침에는 모아둔 양파 껍질을 뜨거운 물에 우려 차를 마셨다. 체온이 올라갔다. 쓰기로 내 마음의 온도도 따뜻하게 만들고 싶다. 그 온도는 누가 만들어 주는 게 아니라, 나 스스로 얼마든지 조절이 가능하다. 쓰는 일이 삶을 밀고 나간다. 생각지도 않은 차디찬 온도에 온몸과 정신이 얼어붙을 때도 있겠지만, 조금씩 녹여나갈 수 있다고 생각한다. 쓰기로 삶의 온도를 조금씩 높여

나가자. 내 삶이니까, 내가 맞춤 온도를 설정하는 거다. 빠르게 끓고 빨리 식는 양은 냄비가 아닌, 뭉근하게 따뜻함이 오래가는 뚝배기 같은 온도로.

> **오늘의 한 줄 요약**
>
> 쓰는 일이 삶을 밀고 나간다. 쓰기로 삶의 온도를 높이자.
> '오늘의 발견'
> -뭐가 됐든, 하루 중 '발견'이라는 이름을 달고 무엇이든 하나만 캐내자.

# 글쓰기는 나만의 오리지널리티를 만드는 일

"조건 때문이 아니라 인생의 개별성(individuality) 때문에 인생은 값나가는 것이다. 중요한 것은 외면이 아니라 '내가 나를 어떻게 생각하느냐'이다. 그리고 그것은 내 자식들에게도 영향을 미친다. 내가 나 스스로를 돈과 학벌, 외모로 평가해 못난 놈이라 생각하면 내 자식들도 그렇게 살 확률이 높다."

**이무석 교수의**《30년 만의 휴식》에 나오는 문장이다. 보통 외부에서 보이는 조건을 가지고 한 사람을, 한 사람의 인생을 평가하기 쉽다. 나 또한 그런 경우가 많았고, 그 조건이 모자란다는 생각을 하면 기가 죽기도 했다. 이 문장을 다시 읽으면서 인생의 개별성에 초점을 맞추고 살아야겠다고 다시 결심한다. 우린 누구나 각자가 다른 사람이 흉내 낼 수 없는 인생을 살고 있으니 말이다.

내 인생에는 현재 내 글을 읽어주는 열혈 독자 지인이 두 명 정도는 있는 듯하다. 그중 스무 살에 만난 대학 동창 얘기를 해볼까 한다. 이 친구는 자그마한 체구에 책을 좋아했고, 문학소녀였다. 연락이 끊긴 세월이 많았고, 지금은 온라인으로 소통을 한다. 내 기억이 맞다면, 대학 졸업 후로는 한 번도 본 적이 없는 것 같다. 어떻게 변했는지 궁금해하면서도 왜 만나지 못했는지, 스무 살 순수했던 그 상태로만 기억하고 싶었던 걸까? 서로 사진도 안 보여주고 주름살이 늘었니 어쩌니 하면서 수다를 떤다. 올해는 꼭 만나서 어떻게 변했는지 확인해 보고 싶다.

이 친구가 바로 끊임없이 나를 쓰게끔 만들어 주는 열혈 독자 중 한 명이다. 글을 잘 안 쓰고 있으면 왜 글을 안 쓰고 있냐고, 내 글을 읽고 싶으니 어서 빨리 쓰라며 잠자고 있는 글 근육을 다시 깨우는 역할을 도맡아 한다. 덕분에 다른 사람은 안 읽어도 열혈 독자 두 명은 꼭 읽어준다 싶어서 용기 내어 쓴다.

하루는 친구가 SNS 하는 거 없냐고 하길래, "블로그 간간이 해!" 그랬더니 주소를 알려 달라고 해서 알려 주었다.

"점심시간에 네 블로그 글들 읽느라 시간 가는 줄 몰랐어. 소소한 일상으로도 어쩜 이렇게 맛깔스런 글들을 만들어 내다니... 진심 멋지다, 울 김 작가님!"

"그리고 거듭 말하지만 네가 쓴 동시들 정말 넘 좋더라. 읽다 보니 피곤한 하루가 스르르녹는 것 같아."

"동시집 내는 틈틈이 소소한 이야기를 담은 에세이집도 내 줘! 좋은 글 읽을 수 있게 해줘서 고맙고 감동이야!"

"네 블로그에 올려진 글들만 봐도 사소하고 평범한 얘기들을 가지고도 얼마나 재미지고 맛깔나게 써내는지... 그러니 네 에세이집을 기대하고 기다릴 수밖에!"

"바빠도 틈틈이 글 올려줘. 이렇게 기다리는 독자들이 있으니 당연히 계속 써야지!"

"무기력하고 의욕이 없을 때, 자주 네 글 읽으며 힘을 받곤 했었어. 고마워. 내년에도 좋은 글을 많이 읽을 수 있게 부탁해!"

친구는 블로그에 올린 글을 읽고 칭찬을 마구 해준다. 내 글이 영 형편없지는 않나 보다. 글 쓸 용기가 더 생겨나고 기분이 하늘을 날아간다. 동시만 쓰지 말고 에세이 책을 내보라고 했다. 이런 말을 계속 듣다 보니 나도 쓸 수 있을까 관심이 생겼다. '나도 써야겠다. 꾸준히 써야겠다. 에세이 책을 써야겠다.' 친구의 말에 결심이 굳어졌다. 바빠도 글을 틈틈이 올려 달라는 친구가 끊임없이 쓰도록 나를 채찍질한다. 이 친구가 보내오는 메시지가 글 쓰는 사람으로 살아가고 싶은 내게 큰 힘을 준다.

빠르게 가는 법은 잘 알지 못한다. 행동은 빠릿빠릿하지만, 내가 가는 길에 있어서는 남들보다 속도가 더디다. 조금씩 가고 있으니까, 언젠가는 내 꿈에 도달하는 날이 있을 거라 믿는다. 이런 나를 열혈 독자 두 명이 든든하게 바라봐 주고 있으니까, 힘내서 오늘도 글을 쓴다. 쓴 글을 읽어주고, 가는 길을 지켜봐 주고 독려해 주는 지인들이 있는 한 쓰는 사람으로 살아가는 의지가 꺾이지 않을 것이다. 부족함을 채워가고 있는 나를 알아주는 사람, 믿어주는 사람이 있어서 포기하지 않고 계속 써나가는 힘을 얻게 된다.

나답게 산다는 건 과연 뭘까? 예전에 나는 내게 맡겨진 역할에 충실하고자 했다. 아내로, 엄마로, 며느리로, 딸로. 본업을 할 때는 스스로 부끄럽지 않게 안간힘을 쓰며 살았다. 간간이 가면을 쓰고 살았는지도 모를 일이다. 어설픈 연기를 한 순간이 있을지도 모르겠다.

지금은 온전히 표현하는 내가 되어간다. 그전에는 내가 아닌 다른 사람을 위해 할애하는 시간도 많았지만, 이제는 달라졌다. 건강식을 먹어야 하는 남편을 위해 주방에 머무르는 시간이 많지만, 생각을 바꿨다. 당신을 위해 하는 게 아니라, 나를 위해서 만드는 거라고. 내 건강 챙기면서 당신 건강도 덤으로 챙겨주겠노라 하는 마인드로 바뀐 순간부터 몇 시간을 주방에서 서성거려도 억울하지 않다. 억울한 마음은 내가 이렇게 가족을 위해 애썼는데, 가족이 몰라줬을 때 잡풀처럼 돋아난 마음이다. 그 억울함이 지금은 사라졌다는 거다. 한 끗 차이가 이런 걸까? 별로 내키지 않던 자리도 이성을 따라 '그래도 가야겠지!' 하는 마음으로 억지로 갔다면, 지금은 마음이 말하는 대로 따른다. 감성과 이성 중 감성을 따라서 득이 된 경우가 많다는 사실을 깨달았다. '다른 사람의 행동에 지나치게 관심을 가지면 스트레스가 된다. 오로지 내게만 집중할 것. 그래야 내가 산다.'라고 메모 수첩에 적어둔 문구를 발견했다. 예전에는 타인의 시선을 많이 의식했다. 내가 항상 앞서서 '그럴 것'이라는 지레짐작으로 그 무엇을 선뜻 행하지 못하거나 멈추게 되는 건 아닌가 생각한다.

오십둘이 되니 이제는 진짜 내가 우선이어야 한다는 생각이다. 아니, 오십이 되지 않아도 자기를 중심에 놓고 세상에, 다른 사람에 의해 끌려가는 게 아니라, 내가 끌고 가야 한다. 내가 없으면 이 세상도 없기에. 나답게 살기 위해선 우선 나를 들여다보아야 한다. 내가 무엇을 좋아하는지, 무엇에 끌려 하는지, 무엇에 행복해하는지, 무엇에 온전히 평안을 느끼는지 알아야 한다. 행복은 강도가 아니라 빈도여야 한다는 말처럼, 내 안에서 들려오는 목소리를 잘 듣고 내면이 이끄는 대로 따라가면 되지 않을까.

나답게 살기 위해서 나처럼 '착한 사람' 콤플렉스가 있다면 벗어던지고 남의 시선 따윈 책상 서랍 깊숙이 넣어두는 거다. 모든 사람한테 사랑받을 수 없고, 그럴 이유도 없다. 이 세상에 태어난 김에 그냥 살지 말고 가슴이 뻐근할 정도로 충만한 시간을 스스로 만드는 거다. 내 시간을 내가 좋아하는 일로 조금씩 채워나가는 거다. 그런 시간이 모여 하루가 되고, 한 달이 되고, 일 년이 되면 남은 생이 보다 더 자잘한 재미로 가득 차지 않을까.

이어령 선생님도 《이어령의 마지막 수업》에서 "인생의 마디마다 자기가 책임지지 않고 운명을 전가하는 건 고약한 버릇"이라고 했다. 남은 생은 내 생각대로 진짜 나답게 살고자 한다. 언젠가 이 세상을 떠나는 날 '나답게 살다 간다'는 묘비명 하나 남겨주었으면 좋겠다.

### 오늘의 한 줄 요약

**진짜 나답게 살기**
-내가 무엇을 좋아하는지, 무엇에 끌려 하는지, 무엇에 행복해하는지, 무엇에 온전히 평안을 느끼는지 알아야 한다.

# 쓰다 보면 모든 것이 기적이 된다

**초등학교 때** 우리 집 일곱 식구를 파헤친다고 별명을 지어서 식구들에 대한 뒷담화를 잔뜩 쓴 비밀 노트를 만들었다. 유독 내 말을 잘 들어주지 않으시던 엄마의 이야기를 가장 많이 풀어놓았는데, 엄마에게 들켰다. 그때 엄마의 별명을 '따발총'이라고 썼다. 아버지께 잔소리를 하실 때, 아버지가 그만하라고 해도 쉬지 않고 계속 말씀을 하셨기 때문에 이런 별명을 붙였다. 술을 많이 드시던 아버지는 술고래, 큰언니는 조용하고 온순한 편이라 천사, 작은 언니는 꾀가 많아서 여우라고 썼다. 천사, 여우는 사실 내가 지은 별명이 아니라, 아버지가 먼저 하신 말씀이다. 그럼 나는 뭐냐고 물었을 때, 아버지가 천사와 여우 중간쯤 된다고 하셨던 말씀이 생각난다. 오빠와 남동생에게는 뭐라고 별명을 붙였는지 도통 기억이 안 난다. 엄마는 읽고 모른 척 좀 해주시지, "이런 건 왜 쓰는데? 하시며 도끼눈을 뜨고 공책을 북북 찢으셨다. 그때 쓴 글을 지금 읽으면 얼마나 재밌을까 생각하니 아쉽다. 초등학교 시절 남아 있는 흔적이라곤 사진 몇 장이 전부다.

내가 초등학교에 다닐 때만 해도 독후감 숙제가 많았는데, 그 숙제가 제일 편했다. 나와는 다르게 손으로 만드는 건 뭐든 잘하는 친구와 방학 숙제를 서로 해주기도 했다. 친구는 만들기 숙제를 내 몫까지 해주고, 나는 친구의 독후감 숙제를 대신 해주었다. 지금 생각해보면 그때 왜 그랬는지 모르겠다. 우스꽝스럽게 만들더라도 직접 내 손으로 만들었어야 했고, 몇 줄 자리 독후감을 쓰더라도 친구도 자기가 숙제를 완성해야 했다. 어린 시절 에피소드지만, 나를 속인 일이 아니었나 싶다.

학창시절 편지쓰기를 좋아했고, 쪽지 주고받는 건 두말하면 입 아플 정도로 좋아했다. 글을 써서 상 받은 경험은 여고 때 스승의 날 글짓기 대회에 참가해 입상한 게 전부다. 스무 살 때는 연애 시를 흉내 내기도 했는데, 시집 한 권 분량이었다. 지금까지 남아 있었다면 읽으면서 손발이 오그라드는 재미가 있었을 텐데… 아, 아깝다. 그 후 글을 계속 썼더라면 좋았을 텐데, 한동안 글쓰기를 놓고 살았다. 어려운 가정 형편 때문에 대학 재학 내내 아르바이트에 치여 살았고, 결혼하기 전에는 들어가는 직장마다 오래 버티기 어려운 일이 일어났다. 그 시절, 우여곡절을 글로 다 풀었으면 얼마나 좋았을까마는, 그때는 고달픈 현생 탓에 글 쓸 생각조차 하지 않았다.

결혼 후에는 육아 잡지에 글을 보내 장난감과 그림책 10권을 선물 받았다. 여성 잡지사에서 1년 정기구독권을 받기도 했다. 결혼하고 나서야 소소하게나마 겨우 글의 끈을 근근이 이어 붙였다. 글쓰기에 관심이 많으면서도 정작 그때까지는 책도 많이 읽지 않았다. 어느 날 아파트에 이동문고가 오면서 책 몇 권을 빌려 읽었다. '그래, 책이 바로 이런 거였어. 내가 그동안 왜 책과 담쌓고 살았을까?' 책에 푹 빠져들면서 책을 읽지 않고 보내온 시간이 아까웠다.

그때부터 책에 관심을 쏟았고, 블로그에 어설픈 서평을 남기기 시작했다. 오래전 이야기다. 지금은 그 카테고리를 비밀로 잠가둔 상태라 아무도 볼 순 없지만, 다양한 책을 읽으면서 후회를 많이 했다. '내 꿈은 작가였잖아. 근데 여태 뭐 하고 살았어?'

작가는 유일하게 어릴 때부터 지금까지 가지고 있는 꿈이다. 동시집을 출간했으니, 동시인이긴 하다. 작가는 죽을 때까지 내가 갖고 싶고, 지키고 싶은 꿈이 아닐까 싶다. 책과 글쓰기에 관심이 폭증하고 나서는 새로운 꿈이 다시 여럿 생기고 있다. 어릴 때부터 지금까지 글로 토해내면서 아팠던 일을 꿰매고 어루만졌다. 앞서 말한 글쓰기 치유 선생님은 어떨까? 역사가 재밌어지기 시작하면 서부터는 역사를 들려주는 할머니는 어떨까? 기록을 열심히 하는 사람이니까 메모, 기록을 통해 함께 성장하는 자기계발 선생님은 어떨까? 글쓰기 모임이나 기록 모임을 만들어 볼까? 머릿속에는 산만하지만 다양한 꿈이 뻗어 나가고 있다.

  이런저런 이유로 어릴 적 꿈이 하나씩 접혔듯이, 이 많은 꿈도 그렇게 될지 모른다. 그래서 딱 하나의 꿈에 의지하는 사람은 되지 않으려고 한다. 하고 싶은 일의 싹을 많이 틔워두면 모르는 사이에 꽃을 피우고 향기가 나게 되리라 생각한다. 꿈에 욕심을 갖고 아이스크림 골라 먹듯 다양한 맛의 꿈을 키우자. 수시로 꿈에 대해서 적어본다. 앞으로 하고 싶은 일을 쓰다 보면, 옹달샘에 퐁퐁 물이 샘솟듯이 삶에 무언가가 계속 솟아나는 느낌이다. 그게 긍정의 에너지인지, 삶의 희망인지 어떤 이름인지는 모르지만, 삶이 가뭄으로 바싹 마른 땅이 아닌, 윤기 좔좔 흐르는 땅이 되어갈 것이다. 《마당을 나온 암탉》을 쓴 황선미 작가님이 말씀하셨다.

"글 쓰는 게 특별한 것은 아니다. 항상 노트를 들고 다니며 메모하는 것이 습관이 됐다. 다른 작가들도 그럴 것이다. 소재는 어디에나 있다. 삶이 가장 드라마틱한 것인데 어디서 따로 소재를 찾겠는가. 매일매일 일상에서 벌어지는 일들을 잘 들여다보면 된다."

책 쓰기를 결정한 날부터 삶이 더 오밀조밀해졌다. 손과 눈이 바쁘다. 바다에 촘촘한 그물을 던진 듯, 내 인생에도 그런 그물 하나 던진 기분이다. 허투루 보내는 시간을 없애야지, 24시간을 꼭꼭 씹어 삼켜 소화를 잘 시켜야지 하는 생각이다. 참 이상하다. 책을 써 내려가는 일이 힘겨운 노동이지만 오히려 마음은 충만해진다. 사뿐사뿐 하루를 가볍게 건너간다.

"인생의 모든 경험은 앞으로 나아가기 위해, 알아야 할 것을 가르치기 위해 조정되고 있습니다." 컨설턴트 브라이언 트레이시의 말이다. 이런 하나하나의 경험을 통해 우린 더 성장해 나갈 것이다.

혼자 있을 때 본업을 위한 수업 준비를 하고, 책을 읽거나 끄적이다 보면 시간이 훌쩍 지나간다. 가끔은 딸이 권한 드라마를 몰아보기도 하고. 글을 쓸 때면 밥 먹는 거, 시간 가는 것도 잊어버린다. 글을 쓰면서 혼자 있어도 외로움과 심심함을 덜 느끼는 사람이 되었다. 남과 비교도 안 하게 되었다. 책을 읽고 글을 쓰면 내면을 단단하게 채우는 중이구나, 안도감이 든다. 세상을 향한 새로운 용기도 피어난다.

신학기에 앞에 나가서 자기소개라도 할라치면 얼굴이 복숭아처럼 붉어지고, 온몸에 전기가 흐르는 것처럼 덜덜 떨던 아이였다. 여러 사람 앞에 나서는 걸 끔찍이 싫어하고, 늘 앞에서보다 안 보이는 곳에서 묵묵히 내 할 일을 하는 편이었다. 지금도 그런 성향을 다 떨친 건 아니지만, 알을 깨고 나오는 새처럼 점점 세상 밖으로 나오고 있다. 돌아보면 어릴 때부터 지금까지 지치지 않고, 놓치지 않고 계속해 왔던 것은 글쓰기뿐이다. 글을 쓰면서 내가 한 실수를 디딤돌 삼아 더 나은 내가 되고자 했고, 앞으로 키워나갈 꿈도 글로 흔적을 남기며 희망을 품게 되었다. 쓰다 보니 내 삶의 모든 변화들이 기적으로 채워진 것 같다.

사람은 누구나 자기가 잘할 수 있는 한 가지는 가지고 태어난다고 생각한다. 남이 가진 것을 탐하거나 부러워하기도 하지만, 이미 내 안에 좋은 것을 가지고 있을 것이다. 다만 그걸 미처 알아채지 못했기 때문에, 아무것도 잘하는 게 없다고 생각하는 것이다. 나도 그렇게 생각한 경우가 많았다. 우리한테도 아직 오지 않은 그날이 분명 올 것이다.

쓰기와 더불어 기적을 가져다주는 건 책이라고 생각한다. 나는 책 읽는 것을 좋아한다. 소설을 제외하곤 마음에 들어온 책을 여러 번 읽는 편이다. 드라마, 영화도 두 번, 세 번 볼 때마다 놓친 게 보인다. 책도 내겐 그렇다. 처음 읽을 땐 그냥 넘겼던 부분도 다시 읽을 때는 안 보였던 부분이 보이고, 더 몰입하게 되기도 한다.

밑줄도 많이 치고, 여백에 메모도 한다. 눈으로 보는 것보다 밑줄을 그어가면서 읽으면 내용이 더 오래 기억에 남는다. 수업하는 아이들에게도 책을 지저분하게 읽으라고 한다. 그렇다고 책에 라면 국물을 흘리거나 냄비 받침으로 쓰라는 얘기가 아니다. 한 아이는 수업 필독서를 두 번이나 읽었다고 하는데, 내용 파악을 제대로 못 했다. 어떻게 책을 읽냐고 물어보니까, 책을 구기기 싫어 다 펼치지도 않고, 글씨가 보일 만큼만 겨우 펴서 읽는다고 했다. 그렇게 읽다 보니 내용은 생각 안 하고 글자로만 책을 읽어서 내용 파악이 제대로 되지 않았던 거다. 급히 먹는 밥이 체하듯 책도 천천히 읽으면 좋지 않을까.

"일단 지적 항해의 첫발을 내딛고 나면, 아무 일도 없었던 듯 예전처럼 돌아올 수는 없는 것이다. 아무리 억제된 즐거움일지라도, 모든 독서에는 의당 읽기의 즐거움이 자리한다."

다니엘 페나크의 《소설처럼》에 나오는 문장이다. 책을 읽으며 지적 항해를 하다 보면, 생각지도 못한 더 넓은 곳으로 데려가기도 한다. 책을 읽으면서 편협했던 내 사고의 영역도 조금씩 넓어지는 것 같다. 책 읽기는 쓰는 사람으로 살아가고 싶은 내게 더없이 좋은 친구이자 스승이다.

쓰기는 삶을 온전히 느끼는 아주 특별한 방법이다. 어제와 다른 삶을 꿈꾸고 싶다면 써야 한다. 쓰다 보면 특별해진다. 아직 쓰지 않고 있다면 우리 함께 썼으면 좋겠다. 삶은 신비로움으로 가득 차 있다. 쓰다 보면 아직 다가오지 않은 미지의 그날 속에 '기적'이라 부를 만한 무언가가 숨어 있지 않을까.

### 오늘의 한 줄 요약

어제와 다른 꿈을 꾸고 싶다면 써야 한다. 쓰다 보면 특별해진다.

"소재는 어디에나 있다. 삶이 가장 드라마틱한 것인데 어디서 따로 소재를 찾겠는가. 매일매일 일상에서 벌어지는 일들을 잘 들여다보면 된다."

–황선미

# 글 쓰는 사람은 마르지 않는다

**가슴속에** 차오르는 말이 넘치면 글은 저절로 흘러나온다. 스물여섯에 결혼했다. 남편의 고향은 경북 영주이고, 안동 김씨다. 안동 김씨가 다 그런 건 아니겠지만, 돌아가신 시아버님은 상당히 권위적인 분이셨다. 결혼 날짜를 잡고 시아버님은 영주에서 결혼식을 해야 한다고 하셨다. 그때만 해도 주변에서 결혼을 하면 대부분 신부 측 고향에서 결혼식을 진행하는 분위기였다. 요즘은 결혼 문화가 많이 달라진 듯하다. 신랑, 신부가 주로 생활하는 지역에서 결혼식을 올리는 것 같다. 친정에서 맏이인 막내 동서를 제외하고는 아들 넷 중 셋은 모두 남편 고향인 영주에서 결혼식을 했다.

그곳에서 하는 건 문제가 아니었는데, 신부 화장이 문제였다. 신부 화장과 머리 손질이 다 끝나가는 데도 머리가 심하게 꼬불꼬

불했다. 메이크업 담당자에게 "머리가 너무 꼬불한 거 아니에요?"라고 소심하게 물었더니 "아, 나중에 예쁘게 될 거예요."라고 대답했다. 그 나중에가 문제였다. 안 붙이던 속눈썹을 붙이고, 입술도 진분홍색이었다. 라면 같은 머리를 반쯤 틀어 올렸다고 할까? 내내 거울 앞에 있으면서도 완성된 얼굴과 머리를 보고 충격을 받았다. 다시 손 좀 봐달라고 했더니, 다음 신부님 메이크업 해드려야 해서 시간이 안 된다고 했다. 결국 그 자리에서 일어날 수밖에 없었다. 마음에 안 드는 모습으로 어찌어찌해서 결혼식은 잘 끝났다.

결혼식이 끝난 후부터 내 얼굴에는 서서히 전쟁이 일어나기 시작했다. 원래 민감한 피부에 결혼식 준비로 몸과 마음이 바빴고, 신부 화장과 헤어스타일에 스트레스도 많이 받았다. 스트레스는 피부의 적이라고 하지 않는가. 눈두덩이는 거북이 눈처럼 부어올랐고, 두드러기가 일어나기 시작했다. 다음 날 제주도로 신혼여행을 가기로 되어 있었고, 지금은 이름이 인터불고 호텔로 바뀐 파크 호텔에서 하룻밤을 묵었다. 남편 친구들과 내 친구들은 호텔까지 따라왔다. 그들은 나를 호텔에 데려다주고 나서 술자리를 가졌다. 나는 나갈 형편도 아니었고, 눈을 보니 얼음찜질이라도 하고 있어야겠다 싶었다. 남편은 호텔 측에 요청해서 얼음을 받아와 수건에 감싸서 눈두덩이에 얹어주고는 찜질하라는 말을 남기고 외출해서 다음 날 새벽 늦게 호텔방으로 돌아왔다.

  신혼여행 기간 내내 눈은 풀리지 않았고, 얼굴 역시 좁쌀 같은 게 이 구석, 저 구석에서 뛰어놀았다. 그 정도로 심했으면 피부과라도 갔어야 했는데, 단체 관광이라 피해를 주기 싫어서 관광 일정을 그대로 소화했다. 그런 얼굴로 사진을 찍었으니, 건질 만한 사진이 하나도 없는 게 당연했다. 친구들은 그때 내 모습을 〈달려라 하니〉에 나오는 홍두깨 선생님의 신부 고은애 같다고 했다. 그렇다고 오해는 마시라. 내가 고은애처럼 덩치 좋은 몸은 아니다. 그때나 지금이나 날씬한 편이다.

  결혼식 에피소드는 사는 내내 이야깃거리가 되어 주었다. 큰아이가 5~6살 무렵이었다. 저녁 6시 전후에 방송되는 KBS 프로그램이었는데, 사연을 보내면 당첨자에게는 옥매트를 선물한다고 했다. 결혼식 에피소드로 사연을 보냈더니 당첨됐다고 연락이 왔다. 생방송 전화 연결을 했으면 하는데 가능하겠냐고. 수락을 한다면 결혼식 당시 사진도 보내 달라고 했다. 망설이다 수락했고, 결국 우스꽝스럽던 내 결혼식 때 모습은 전국으로 생중계됐다. 그 덕에 받은 옥매트는 친정엄마에게로 갔다. 잊으려야 잊을 수 없는 스물여섯 5월의 이야기는 이렇게 끝이 났다.

그때 내가 KBS로 사연을 보냈던 건, 결혼식 화장에 대한 차오르는 말이 많아서다. 내뱉어야 후련할 것 같아서였다. 차오르는 말이 있으면 그게 뭐든 써야 한다. 과일주 숙성시키듯 굳이 숙성시킬 필요가 없다. 그때그때 내 마음이 내뱉는 소리를 듣고, 그 말에 답을 내려줘야 한다. 그 글을 쓰기 전까지는 원망이 많았다. 신부 화장 담당 직원은 왜 그렇게 화장과 머리를 촌스럽게 해줬을까? 실력이 없다고 생각했다. 나는 왜 바보같이 마음에 안 들면서도 적극적으로 대처를 못 하고 가만히 있었을까? 결혼식 메이크업 담당자에게 화가 났고, 바보 같았던 내가 멍텅구리 같다고 생각했다. 일생에서 가장 예뻐야 할 그 순간에 나는 그러질 못했으니까. 혹 누군가는 원판 불변의 법칙 아니겠냐고 말할지도 모르겠다. 하긴 예쁜 연예인을 보면 화장과 머리를 어떻게 해도 예쁘긴 하니까.

쓰고 나니 마음이 가벼워졌다. 자칫 밋밋할 뻔했던 결혼식이 웃음 코드로 남았으니, 그것으로 됐다는 생각이다. 덕분에 옥매트도 받았고, 목소리와 사진으로나마 방송도 탔으니 말이다. 차곡차곡 쓰다 보니 스스로 마음이 다독여지고, 별거였던 일이 별거 아닌 일로 둔갑했다. 내 마음의 소리에 귀 기울여 쓰다 보면, 좀 너그러운 마음이 든달까?. 다른 사람에 대한 원망도 조금씩 놓게 된다. 원망을 놓게 되니 마음이 가벼워지고, 그 가벼운 마음 안에 원망이 아닌, 다른 밝고 화사한 것으로 가득 채울 수 있게 된다. 이런 맛에 계속 쓰는 게 아닐까.

최근 10명의 에디터가 함께 쓴《에디터의 기록법》을 읽다가 따라 해봐야지 하는 페이지가 보였다.

"좋은 콘텐츠를 찾았다면, 자신의 언어로 기록하기"였다. "콘텐츠를 보다가 너무 좋거나 인상 깊은 장면 또는 감동을 받는 순간이 있다면, 그걸 머리나 마음속에 담아 두려고 하지 말고, 글로 써서 자신의 신체 밖에서도 존재할 수 있게 만드는 연습은 꼭 필요하다."

이 문장이었다. 즉, 자신이 본 콘텐츠가 왜 좋았는지, 내가 생각하는 그 콘텐츠의 핵심은 무엇인지, 그 콘텐츠를 본 후에 내 생각이 어떻게 바뀌었는지 등을 단 한 문장으로라도 쓰는 연습을 꾸준히 해보기를 조언했다.

인상 깊게 본 콘텐츠가 쌓이고, 글로 정리해서 기록이 쌓이면 특별한 지적 재산이 될지도 모르겠다. 올해 봄. 나를 건드리고 간 콘텐츠는 넷플릭스 드라마 〈폭싹 속았수다〉이다. 〈도깨비〉에 이어 인생 드라마에 이름을 올린 작품이다. 하루는 지인이 매일 나누는 '오늘 문장'에 애순이의 딸 금명이의 나레이션을 올렸다. 읽는 것만으로도 가슴이 뻐근했다.

"내가 외줄을 탈 때마다 아빠는 그물을 펼치고 서 있었다. 아빠의 겨울에 나는 녹음이 되었다. 그들의 푸름을 다 먹고 내가 나무가 되었다."

내 언어로 꼭 기록을 남겨야겠다는 생각이 들었다. 돌아가신 아버지가 생각났다. 초등학교 저학년 때 명절 연휴 전날 이마를 다쳤다. 운동장에서 아침 조회를 마치고 교실에 떠밀리듯 들어가다가 벽 모서리에 부딪혀 이마가 찢어졌다. 학교에서 아버지께 연락을 했는지, 아버지가 한걸음에 달려오셨다. 당시 아버지는 학교에서 가까운 곳에 위치한 읍사무소에 다니고 계셨다. 아버지가 건넨 손수건으로 피가 나는 이마를 꾹 누른 채 버스를 타고 병원에 갔다. 명절 전이라 병원에는 진료를 기다리는 환자가 많았다. 내 순서는 한참 뒤였지만, 빼빼 마른 꼬마가 피 묻은 손수건을 이마에 꾹 누르고 있는 모습이 안돼 보였는지 배려를 해주셨다. 덕분에 내가 먼저 다친 이마를 꿰맸던 것 같다. 응급실이 아니라 일반 정형외과 같은 곳에 간 걸로 기억이 된다.

아버지가 그때 하셨던 말은 생각이 안 나지만, 씩씩하게 잘 참았다고 말해주시지 않았을까 싶다. 엄마에게 혼나서 밥상 앞에서 고개도 못 들고 있을 땐 내 손에 숟가락을 쥐어주시면서 어서 먹으라고 하셨던 아버지. 그러면 못 이기는 척 슬며시 숟가락을 들었다. 다 기억은 못 하지만, 우리 아버지도 금명이 아빠처럼 곳곳에 그물을 펼치고 서 계셨으리라. 나도 그들의 푸름을 먹고 나무가 되었으니, 이제는 우리 아이들에게 그런 존재가 되어 주고 싶다.

글을 쓰면 의욕과 호기심, 열정이 사라지지 않는다. 생생한 삶을 이어나가는 데 도움이 된다. 마음이 안 늙는 사람으로 변한다. 이렇듯 무언가를 계속 써 내려가는 삶은 마를 시간이 없다. 글쓰기는 내 삶에 윤활유가 된다.

### 오늘의 한 줄 요약

글을 쓰면 의욕과 호기심, 열정이 사라지지 않는다. 생생한 삶을 이어 나가는 데 도움이 된다. 마음이 안 늙는 사람으로 변한다.

–"좋은 콘텐츠를 찾았다면 자신의 언어로 기록하기"《에디터의 기록법》

## 쓰기는 내 삶의 결을 만들어 준다

　　　　　　**사람**이 한마디 말도 남기지 못하고 갑자기 떠날 수도 있음을 실감했다. 그 후 생각했다. 긴긴 약속과 계획은 잡지 말자고. 우선 10년 후에도 나는 살아있고 싶다. 가족 곁에 남아서 집밥을 해주는 건강한 몸이었으면 한다. 남편이 좋아하는 잔치국수도 해주고, 아들에게는 수능 때도 점심으로 싸 달라고 부탁한 돼지김치 짜글이도 해주는 엄마로 남길 원한다. 딸아이는 그때쯤 결혼을 했으려나? 밑반찬도 만들어 주고, 주니어 외계인이 있다면 가끔씩 봐주기도 하면서 그렇게 살고 싶다. 건강하게 산다면 책 읽기, 메모, 기록, 글쓰기도 계속할 테지. 10년 후면 온전히 쓰는 사람으로 살게 될까? 월 30만 원이라도 글을 써서 돈 버는 사람이 될까?
　《뼛속까지 내려가서 써라》에서 나탈리 골드버그는 "우리의 잠재력은 지구 표면 밑에 있는, 보이지 않는 지하수면과 같다. 누구라도 이 지하수면에 가닿을 수 있고, 그것은 노력 여하에 달려있으니 글쓰기 훈련을 계속하라."고 한다.

잠재력이 얼마나 될지 내 노력으로 그 크기를 재보고 싶다. 꾸준히 나아간다면 아마도 10년 후 지금보다는 좀 더 글쟁이에 가까이 다가서 있지 않을까. 쓰는 사람이 되기 위해 지금도 노트북을 뚱땅거린다. 쓰다 보면 성찰하게 되고, 내 결을 스스로 만들어가게 된다. 글을 통해서 나다운 삶을 찾아간다.

글쓰기 욕구가 시작된 지점은 내 말을 들어주는 사람이 없다는 생각에서였다. 부모님의 불화가 잦았고, 특히 엄마의 억누름은 사춘기 시절 하루빨리 엄마의 그늘에서 벗어나고자 하는 생각을 품게 만들었다. 결혼하고 나서도 가부장적인 남편을 만났다. 안 그럴 때도 있지만, 숟가락까지 완벽하게 세팅을 다 해놔야 밥상 앞에 앉는 사람이다. 물론 츤데레 같은 면이 전혀 없지는 않으나, 조근조근 내 말을 다정하게 귀 기울여 들어 주지는 않았다.

그래, 아무도 안 들어준다면 내가 내 이야기를 들어주겠다고 생각했다. '말을 끊지 않고 마음껏 들어줄 테니, 어디 한번 털어놔 봐라.' 하는 심정이었다. 마음껏 쏟아냈다. 쏟아내면 시원했다. 하고 싶은 말도 썼지만, 내가 듣고 싶은 말도 써서 내게 잔잔히 들려주었다. 배고플 때 밥을 먹으면 허기가 채워지듯이, 마음의 허기도 채워졌다. 내 얘기를 잘 들어 주지 않아도 외롭지 않았다. 내게 글을 쓰면서 이야기를 들려주다 보면, 그 글을 써 내려가는 동안 스스로 답을 구하게 되기도 한다.

책 모임과 글 모임, 아동문학 모임 등 여러 모임을 하다 보니, 그 속에서 나와 결이 비슷한 사람을 만났다. 많은 말을 하지 않아도 글로 소통할 수 있는 사람이 있다는 건 축복이다. 쓴 글을 피드백해 주고, 쓰는 사람으로 살아가는 데 서로 동반자 역할을 해 준다. "혼자 가면 빨리 가지만 함께 가면 멀리 간다."는 말이 있듯이, 읽고 쓰는 사람으로 살아가는 데 지치지 않고 계속 갈 수 있도록 걸음 동무가 된다. 지극히 평범한 아줌마였던 내가 읽고 쓰는 사람으로 살아가며 자기계발을 취미처럼 한 덕분에 조금씩 보여 줄 수 있는 사람으로 살아가는 중이다. 5년 전보다, 10년 전보다 더 단단한 내가 되었다. 지금의 내 결은 글을 쓰면서 만들어지기 시작했다.

지난달 결혼기념일에 남편과 둘이 외식을 했다. 우리는 반주를 곁들이면서 이야기를 나눴다. 벌써 이만큼이나 같이 살았냐고. 나는 웃으면서 그랬다. 내 나이 반만큼 딱 당신과 살았노라고. 서로 애쓰며 살아온 걸 인정하면서 앞으로 어떤 마음으로 살 것인지에 대해서도 터놓고 이야기했다. 남편이 내게 말했다. 그전에 나는 남에게 잘 보이기 위해 스스로를 힘들게 했다고. 즉, 내 만족을 위해 그렇게 했다는 것이다. 그 말이 맞다고 했다. 예전의 나는 분명 그랬다. 지금의 나는 남에게 잘 보이려고 덜 애쓰고, 나를 중심에 놓고 산다고 했다. 늘 옆에 두는 메모 수첩에 순간순간 느끼는 감정을 수시로 쓰다 보니 어떤 자세로, 어떤 마음으로 살고 싶은지 잘 들여다보인다.

언젠가 〈어쩌다 어른〉에 출연하신 국내 기록학자 1호 김익한 교수님의 강의를 봤다. 그 강의에서 교수님은 '한 줄 일상 기록'을 소개하셨다. 시간대별로 한 줄씩만 큰 글씨로 그 순간에 느낀 감정을 자유롭게 쓰면 된다고 하셨다.

**"아침에 맑은 공기, 맑은 하늘을 느꼈다면 왼쪽에는 시간을 쓰고 '맑은 공기, 맑은 하늘' 이렇게요. 떠오르는 생각을 한 줄로 기록하는 거랍니다."**

하루 동안 적은 메모를 저녁에 다시 읽는다면 낮에 느낀 감정, 생각, 행위가 그대로 떠오를 것이고, 생각력이 탄탄해진다고 했다.

올바른 판단을 할 수 있게 하는 생각력은 우리가 기록을 해야 하는 이유이고, 한 줄 일상 기록을 꾸준히 해서 습관이 되면, 내 삶을 온전히 느끼는 아주 특별한 마법이 된다고도 하셨다. 교수님은 다이어리에 한 줄 일상을 기록하신다는데, 나는 매일 쓰는 메모 수첩에 한다. 수첩 앞 페이지부터는 항상 하던 대로 메모를 해 나가고, 한 줄 일상 기록은 수첩 뒤 페이지부터 시작한다. 한 줄 일상 기록이지만 쓰다 보면 두 문장, 세 문장을 쓸 때도 많다.

최근에 적은 한 줄 일상 기록을 소개하면 이렇다. '남은 날이 이렇게나 빨리 하루씩 줄어든다. 웃으며 즐겁게 살아도 짧은 인생이다. 화내며 살기엔 아까운 인생이다.', '헤르만 헤세의《싯다르타》가 왔다. 어려울 거라고 생각했는데, 이게 왜 재밌냐. 나는 지적 욕구를 채우는 게 좋은가 보다.', '참외 축제 갔다가 홈플 방문에 옷장 정리까지 하느라 이제 책상 앞에 앉는다. 휴일은 질서가 깨지는 날이다. 읽고 쓰고 기록하는 내가 흔들리는 날이다.' 아침에 하루 다짐을 쓸 땐 '오늘 하루도 천년같이 살아야지', 밤 10시쯤 거실 TV 소리가 커서 거슬렸을 땐 '거실 TV 소리가 크다. 내겐 소음.', 전주로 여행 가서 마음이 여유롭다고 느꼈을 때는 '좋다. 여행 오니 동동거리며 지내지 않아도 되어서.'라고 썼다. 한 줄 일상 기록을 계속해 보니 역시나 교수님 말씀이 맞다. 내 삶을 온전히 느끼는 방법이다. 해보길 추천한다.

흔들릴 때도 글을 쓴다. 제대로 하고 있는지, 무엇을 향해 나아가는지 답을 듣고 싶을 때마다 글을 썼고, 글이 답했다. 글쓰기는 셀프 위로가 된다. 나를 챙기는 좋은 방법 중 하나다. 나를 가장 사랑하는 사람은 내가 되어야 한다. 우울한 순간이 오더라도 짧게 우울해하자. 나도, 당신도 잘하고 있으니까. 아무도 우리를 비난할 자격은 없다. 예전에 나는 그랬지만, 지금은 주변 사람에 의해 내 기분이 좌우되지 말자고 다짐한다. 지인의 갑작스런 죽음을 접하고는 삶과 죽음에 얽힌 일이 아니면 그 무엇도 그리 심각해질 이유가 없다는 마인드로 바뀌었다. 부딪히면 될 일이고, 어떻게든 시간이 가면 해결이 되니까. 글을 쓰다 보면 진짜 내 모습을 찾게 된다. 내가 원하는 내 삶의 결을 만들어간다.

### 오늘의 한 줄 요약

글쓰기는 내가 원하는 내 삶의 결을 만들어간다. 셀프 위로가 된다.
'한 줄 일상기록' -내 삶을 온전히 느끼는 방법 / 시간대별로 한 줄씩 그 순간에 느낀 감정을 자유롭게 쓰기(국내 기록학자 1호 김익한 교수)

# 날아오르지 못해도 괜찮아

**문학, 길 없는 길** "읽고 읽고 또 읽고 생각하고 생각하고 생각하고 또 생각하고 쓰고 쓰고 또 쓰면 열릴 길"

**2024년 6월,** 친구가 템플스테이를 갔다가 벌교 호부당 빵집 벽에 조정래 작가님 글귀가 있다고 사진을 보내왔다. 조정래 작가님은 쓰고 쓰고 또 쓰면 열린다고 하셨다. 길 없는 문학의 길도 많이 읽고, 생각하고, 쓰다 보면 열린다는 뜻으로 쓰셨으리라 짐작해 본다. 많이 쓰다 보면 문학의 길만 열릴까, 우리의 삶도 조금씩 열릴 게 분명하다. 쓰다 보면 어두컴컴한 현실에서도 한 줄기 빛과 같은 틈을 발견하게 된다. 바쁘다는 말을 입에 달고 사는 현대인. 나도 마찬가지다. 바쁘다는 핑계를 자주 댔다. 글을 쓰면 잠시 멈춰서 숨을 고르게 된다. 이 생각이 맞을까, 저 생각이 맞을까, 생각을 저울질하고, 내 마음 안에 깊숙이 들어가 있는 나를 끄집어 나오기도 한다.

엘리자베스 스트라우트가 쓴 《올리브 키터리지》에서 "당신이 아이의 인생을 접수했기 때문이야. 당신이 애한테 틈을 주지 않았잖아."라는 문장을 읽었다. 나는 한때 아이들에게 틈을 많이 주지 않는 사람이었다. 내가 말하고 행동하는 대로 아이들이 따라오길 바랐다. 틈이 있어야 그 틈으로 햇볕도 받고, 바람도 들어오고, 오고 가는 풀벌레를 만나면서 새로운 세상을 경험할 수 있을 텐데 말이다. 이제는 틈 주는 것에 인색한 엄마가 되지 않기로 했다. 앞만 보고 무조건 달리지는 않기로 했다. 내 인생에 미안해지지 않기 위해서 옆도, 뒤도 돌아보며 그렇게 가고자 한다. 포기만 하지 않고 간다면 천천히 가도 보려고 하는 것들을 언젠가는 마주할 테니까. 고미숙의 《낭송의 달인 호모 큐라스》에서도 이런 내용을 만났다.

"언제든 휴식을 취할 수 있는 자, 그 사람이 진정 능력자다. 프란츠 카프가는 말한다. "초조해하는 것은 죄"라고. 누구에게 짓는 죄인가? 바로 자기 자신한테다. 양생적 차원에서는 더더욱 그렇다. 자신에게 휴식을 허용하지 않고 계속 무언가를 하라고 들볶는 행위이므로.《서유기》에선 좀 더 근사하게 말한다.'고수는 서두르지 않는다. 서두르는 자는 고수가 아니다!' 그러므로 휴식은 곧 평화다. 내 안에 있는 평화의 리듬을 일깨우는 것, 그것이 휴식이다."

쉬고 있으면 아무것도 안 하고, 공허한 하루를 보낸 듯해서 항상 나를 채근했다. 움직여라. 더 움직여라 하고. 올해 2월 말 시댁 조카 결혼식에서 조카가 소감을 발표할 때 한 말도 생각났다. "그동안 열심히 일하고 배우고 익혔다. 그래야만 쓸모 있는 사람이라고 생각해서 나를 채찍질하며 살아왔다. 그런데 oo(신랑)이는 내가 아무것도 하지 않고 가만히 있어도 귀하고 소중한 존재로 느끼게 해줬다." 나를 채찍질하며 살아왔다는 대목이 꼭 내 마음을 대변하는 것 같아서 짠하고 뭉클했다. 조카의 말처럼 우린 무엇을 하든, 하지 않든 그 자체로 누구와도 대체할 수 없는 명품이다. 그러니 나를 몰아세우며 초조해하는 죄는 짓지 말자. 서두르는 자는 고수가 아니라고 하니, 나도 천천히 내 속도대로 나아가면서 고수가 되어보고자 한다.

한동안 잠을 양껏 못 자서 잠이 부족한 상태였다. 전날 늦게 잤는데 토요일 아침, 일이 있어 일찍 나가는 남편 때문에 새벽 4시

50분에 잠이 깼다. 다시 잠들려고 해도 잠이 오지 않아 차를 마시며 다이어리에 일기를 쓰고, 밀린 업무를 처리했다. 점심때쯤에는 떡집에 가서 잔기지떡을 찾아 언니네 집들이도 다녀왔다. 피곤했는지 외출 후 저녁 6시쯤 잠이 들어 중간에 잠시 깨긴 했지만, 다음 날 아침 7시가 넘어서야 일어났다. 이번처럼 길게 자 본 적이 없는데, 제대로 휴식을 취했다는 생각이 들었다. 몸과 정신이 둘 다 가뿐한 걸 보니, 앞으로는 구두쇠처럼 휴식에 인색하지 않은 사람이 되어야지 싶었다.

팀 페리스의 《타이탄의 도구들》을 읽다가 '그만두는 것'에 대한 새로운 시각을 얻었다. 〈타임〉지 기자를 거쳐 세계적인 여행작가가 된 피코 아이어의 말이었다.

"그것은 포기가 아니라 다음으로 넘어간다는 뜻이다. 뭔가가 당신을 수긍하지 않아서가 아니라, 당신이 뭔가에 수긍할 수 없어 방향을 바꾸는 것이다. 불평불만이 아니라 긍정적인 선택이고, 인생 여정의 종착역이 아니라, 더 나은 방향으로 가는 걸음이다. 직장이든 습관이든, 그만둔다는 것은 꿈을 향한 방향으로 나아가기 위한 선회다."

나는 그동안 뭔가를 그만두면 끈기가 없거나 그 상황에 적응하지 못해서 포기를 한다고 생각했다. 부족한 나를 책망하고 도망쳐 버렸다는 느낌에 비겁하다고 여겼다. 이 문장을 읽으니까 언제든지 '그만둔다는 것'에 용기를 낼 수 있겠다 싶다. 예전에 한 번 나 빼고는 다 실력 있어 보이는 동시인 온라인 합평 모임에 멤버로 초대받았다. 그때는 동시가 나올 상황도 아니었지만, 스스로 실력이 모자란다는 생각에 백기를 들었다. 다른 시인들에 비해 실력이 낮다고 생각했고, 내가 그들에게 조금이라도 도움을 주는 사람이 될 수 있을까 하는 우려도 컸다. 그 모임에서 나온 뒤로도 한동안 마음에 걸렸다. 지금 생각하니 그때 그만둔 것도 다른 방향으로 나아가기 위한 방법이 아니었나 싶다.

"운항하는 거리에 따라 다르겠지만, 이륙할 때 연료의 많은 부분을 소모한다고 한다. 날아오르는 건 그만큼 어려운 일이다. 많은 사람이 다시 20대로 돌아갈 기회를 준대도 그때로 돌아가지 않겠다고 대답하는 건 이유가 있을 거다. 가장 활기차고 아름다운 시절이었지만, 날아오르기 위해 감당했던 노력과 불안을 다시는 겪고 싶지 않은 마음이 크기 때문일 거다. 우리는 비행기가 아니니 날아오르지 못했다 해도 괜찮다. 차분히 한 걸음 한 걸음 내디디며 살아가는 우리를 향해 또 한 번의 저녁이 찾아오고 있으니…"

2024년 6월 5일 수요일 오전, KBS FM 〈세상의 모든 음악〉 진행자 전기현 멘트라고 친구가 단톡방에 글을 올렸다. 읽고 나서 당장 수첩과 펜을 찾을 정도로 필사를 부르는 글귀였다. 필사하며 날아오르려 애쓴 시간이 떠올라 울컥했다. 지금도 날아오르려 고군분투할 청춘들, 그 시기를 이미 거쳐 지금도 아등바등 살아가는 사람에게 살며시 토닥인다. 그냥 한 걸음 한 걸음 내디디며 살아가기만 하면 된다고.

나도 마찬가지로 20대, 30대로 돌아갈 기회를 준다고 해도 돌아가고 싶지 않다. 잘 살고 싶어서 바둥거리며 악착같이 살고 있을 때였다. 지금 청춘들을 보면 맨얼굴에 청바지, 흰 티셔츠만 입어도 예쁘다. 우리 아이들을 봐도 그렇지만, 그 속에 나아갈 인생에 대한 수많은 고민과 갈등, 번뇌가 들어있음을 잘 안다.

'항상 될 때까지 해봐야 후회가 없지.'라는 생각을 한다. 해볼 수 있는 최선을 다해 보고 그래도 안 됐을 때는 그것으로 충분한 거다. 우리는 누구나 유명인이 될 수도 없고, 될 필요도 없다. 마음이, 노력이 닿는 데까지 열심을 떨었으면 그것만으로 칭찬받을 일이다. 어떤 일이든 과정을 즐기다 보면 뜻하지 않게 큰 보답으로 돌아오기도 한다. 그러지 못한다고 해도 날아오르려고 시도하고, 애를 썼다면 된 것이다. 우리 모두 날아오르지 못해도 괜찮다. 또 한 번의 저녁이 찾아오고 있으니….

### 오늘의 한 줄 요약

노력이 닿는 데까지 열심을 떨었으면 그것만으로 칭찬받을 일이다.
"날아오르지 못해도 괜찮다."

이 책은
글 쓰는 사람으로 살아가자고
다정하게 꼬드기는 책입니다.
나 같은 사람도 쓰는데,

누구든 마음만 먹으면 다 쓸 수 있다고.
그러니 함께 쓰자고
손을 내미는 책입니다.
―――――

# EPILOGUE

## '쓰는 사람으로 살아갈 우리에게'

"글을 쓴다는 건 나를, 내 삶을 채우는 일이다."

**이 책의** 씨앗은 몇 년 전으로 거슬러 올라갑니다. 블로그에서 S 작가님께 제가 쓴 글에 피드백을 받았던 때가 있습니다. 집념이 가득해서 읽는 내내 멋진 에너지가 느껴졌고, 글 근육이 있어 책을 써도 되겠다는 말씀에 덜컥 용기를 가졌습니다. 나도 진짜 써 보고 싶다는 생각이 간절하게 들었지요. 그때부터 꺼내기 시작한 이야기 씨앗이 새로운 이야기와 보태져 세상에 나오게 되었습니다.

제가 글을 쓰는 공간에는 옆으로 눈만 돌리면 메모 수첩으로 꽉 찬 투명 플라스틱 상자가 보입니다. 2008년부터 제 역사를 쓰고 있는 기특한 아이들이죠. "쓰면 뭐가 달라지는데? 안 써도 잘만 사는데."이렇게 말할지도 모르겠습니다. 쓰는 삶을 살아가면서 저는 제가 좀 덜 못나 보인다는 생각을 합니다. 이 정도면 나도 좀 괜찮은 사람 아닐까? 어떨 때는 근거 없는 자신감이 쑤욱 올라오기도 하고요. 사소한 일상을 허투루 보지 않게 되었습니다. '자잘한 일상 속에 나를 깨우쳐주는 뭔가가 숨어 있구나!'라는 것을 알아 가고 있습니다.

저는 시간이 아깝다는 말을 자주 합니다. 하루가. 일주일이, 한 달과 일 년이 좋아하는 과자를 먹을 때처럼 순식간에 지나갑니다. 아무 일도 일어나지 않는 보통의 하루를 꿈꾸며 그 속에서 여러 가지 삶의 조각을 마음껏 모아가고 싶습니다. 아무것도 안 하고 있어도 시간은 기다려주지 않고 지나가잖아요. 앞으로 살아갈 날이 많은 사람도, 살아갈 날이 살아온 날보다 적게 남은 사람에게도 늘 시간은 공평하게 다가옵니다. 그 시간을 아껴 글을 쓰면서 미래를 꿈꾸는 사람이 되었습니다. 1인 기업이 대세인 지금, 자본금이 제로인 글쓰기로 내 삶이 질적으로 더 나아질 수 있다면 한번 시작해 볼만하지 않을까요?

일지처럼 매일 쓰는 노트가 여러 개지만, 바쁜 날이면 가끔 하루씩 빠뜨리기도 하고, 한 번에 몰아서 쓰기도 하고요. 숙제처럼, 일처럼 하면 재미가 없으니, 가벼운 마음으로 쓰고 싶은 것을 써 보면 좋겠습니다. 며칠 전에는 귀리를 넣어 뻑뻑한 두유를 만들었어요. 문득 요거트가 먹고 싶어서 뻑뻑한 두유에 냉동 블루베리, 견과류를 넣어봤어요. '두유 견과류 요거트'라고 이름 붙이며 예쁜 빙수 그릇에 담아 맛있게 먹었어요. 생각보다 맛도, 비주얼도 좋고, 영양도 풍부해서 기록으로 남겨야겠다 싶었습니다. 곰이 그려진 얇은 A4 반 정도 크기 노트에 '오늘 음식'이라고 제목을 붙였어요. 두유 견과류 요거트를 만들어 먹게 된 상황도 쓰고, 순서랄 것도 없지만 만드는 순서도 적었어요. 그림을 그려 색칠까지 하고요. 이 노트를 보고 있자니 괜스레 기분이 좋아졌어요. 얼마 만에 한 번씩 쓰게 될지는 모르지만, 저는 제 마음이 시키면 바로 이렇게 쓰는 노트를 하나 더 추가하기도 합니다.

그러니 처음부터 잘 써야지, 이것저것 다 써야지 하기보다는 하나씩 쓰고 싶은 것이 생길 때마다 쓸거리를 늘려가길 권합니다. 그러다 보면 오밀조밀 더 특별한 보통의 하루를 맛볼테니까요. 우리 함께 써요.*